财务管理与分析研究

胡跃清　王　颖　李　静◎著

中国出版集团　现代出版社

图书在版编目（CIP）数据

财务管理与分析研究 / 胡跃清，王颖，李静著. --
北京 ：现代出版社，2023.9
　　ISBN 978-7-5231-0450-7

　　Ⅰ．①财… Ⅱ．①胡… ②王… ③李… Ⅲ.①财务管
理－研究 Ⅳ．①F275

中国国家版本馆CIP数据核字(2023)第141400号

财务管理与分析研究

作　　者	胡跃清　王　颖　李　静	
责任编辑	窦艳秋	
出版发行	现代出版社	
地　　址	北京市朝阳区安外安华里504号	
邮　　编	100011	
电　　话	010-64267325　64245264(传真)	
网　　址	www.1980xd.com	
电子邮箱	xiandai@ cnpitc.com.cn	
印　　刷	北京四海锦诚印刷技术有限公司	
版　　次	2023 年 9 月第 1 版　2023 年 9 月第 1 次印刷	
开　　本	185 mm×260 mm　1/16	
印　　张	11.75	
字　　数	278千字	
书　　号	ISBN 978-7-5231-0450-7	
定　　价	58.00 元	

前　言

　　财务管理是现代企业中非常重要的工作内容，也是企业管理中最重要的组成部分。同样，财务分析作为企业决策的支持系统，在企业管理中起着举足轻重的作用。随着经济形势的瞬息万变，面对日益复杂的经济环境，企业利益相关者越来越注重企业的财务分析。通过对财务报告及相关资料进行分析，不仅能为投资者、债权人及其他利害关系人进行经济决策提供参考，而且能对企业高层管理者受托经济责任的履行进行有效的监督。

　　本书依据国家新颁布实施的《企业会计准则》，严格遵守新的财务管理规章制度，以财务活动为主线，从财务管理与财务分析两大部分来展开。财务管理部分先是从财务管理的含义、财务管理的原则与方法、财务管理的环境分析、财务管理的基础理论等方面深入浅出地分析了财务管理的基本理论，接着从资产、负债、净资产、收入与利润分配等方面介绍了财务管理的内容范畴，最后从行政单位、高校、医院三个领域探讨了财务管理实践与创新等相关知识。从有助于开展分析工作的角度出发，财务分析部分，先是从财务分析的内涵及作用、依据和标准、方法及程序等方面分析了财务分析的基本理论与方法，然后对利润表、资产负债表、现金流量表、所有者权益变动表等不同财务报表展开分析，最后从盈利能力、偿债能力、资产使用效率、发展能力等方面对财务比率（指标）展开分析。

　　整体上来说，本书既涵括了财务管理与分析的基本理论，又涉及了相关的方法与技巧。全书结构严谨，条理清晰，内容翔实，通俗易懂，力求为相关读者扩充知识，拓展知识面与视野。

　　笔者在撰写本书的过程中，参阅了大量有关财务管理与财务分析方面的研究著作，并得到了许多专家和学者的帮助和指导，在此对相关作者深表谢意！由于笔者水平有限，加之时间仓促，书中所涉及的内容难免有疏漏之处，希望各位读者多提宝贵意见，使其更加完善。

作　者

2023 年 4 月

目　录

第一章 财务管理的基本理论

第一节 财务管理的含义理解

一、财务活动的要素——资金

财务①是组织财务活动处理财务关系的统称。企业财务是企业在再生产过程中客观存在的企业财务活动及其所体现的经济利益关系的总称。财务活动是通过资金运动体现出来的，它的基本构成要素是投入和运用着的企业资金。资金是财产物资价值的货币表现（包括货币本身）。资金要素能够反映运动着的价值，其实质是在生产过程中运动着的价值。

资金的特点包括：①垫支性。即预付性，资金首先表现为资本的垫支，垫支是交换并实现价值形态转化的前提，资金的垫支性赋予了对资本保值的要求。②物质性。资金以资产为价值载体，资产是企业的生产经营要素，要求资金在各种资产形态中同时存在并合理分布。③增值性。资金循环与周转的根本目的是价值增值，资本增值是资本所有权对资本使用权的根本要求。④周转性。资金必须通过运动才能增值，资金的运动过程就是资本价值形态的转换过程，这就要求保持资金形态的依次继起和流动性。⑤独立性。价值是资金运动的主体，资金的独立性意味着企业资金运动有一个完整的运动过程，可能会脱离企业物资运动而相对独立存在并运行。

在市场经济条件下，产品依然是使用价值和价值的统一体。企业再生产过程通常具有两重性，它既是使用价值的生产和交换过程，又是价值的形成和实现过程。在这个过程中，劳动者将生产中消耗掉的生产资料的价值转移到产品中去，并创造出新的价值，通过

---

① 财务源于公有财产日渐稀少，私有财产观念萌芽的出现，是伴随着商品货币的产生而产生，并随着市场经济的发展而发展的重要经济范畴。

实物商品的出售，使转移价值和新创造的价值得以实现。一切经过劳动加工创造出来的物质资源都具有一定的价值，它既包括物化劳动耗费的货币表现，又包括活劳动耗费的货币表现。

在再生产过程中，物质资源价值的货币表现就是资金，企业在从事生产经营活动的同时，客观上必然存在着资金及其资金运动。企业的目标就是要不断创造价值。在价值创造过程中，存在着两种不同性质的资金运动：一种是以实物商品为对象的实物商品资金运动。在企业的商品资金运动过程中，现金资产转化为非现金资产，非现金资产转化为现金资产，这种周而复始的流转过程无始无终、不断循环，形成实物商品的资金运动；另一种是以金融商品为对象的金融商品运动。金融商品可狭义地理解为各种能在金融市场反复买卖，并有市场价格的有价证券。企业买卖金融商品的过程是不断进行、周而复始的，形成金融商品的资金运动。在企业的实物商品与金融商品的资金运动过程中，必然体现为一种价值运动，这种价值运动称为资金运动。

二、财务管理的含义

企业财务管理是企业组织财务活动、处理财务关系的一项经济管理工作。企业财务管理是公司管理的一个重要组成部分，是社会经济发展到一定阶段的产物。[①]

财务按照财务活动的不同层面可以分为三大领域：①宏观领域中通过政府财政和金融市场进行的现金资源的配置。现金资源的财政配置属于财政学的范畴，现金资源的市场配置通过金融市场和金融中介来完成。②中观层面上的现金资源再配置，表现为现金资源的所有者的投资行为，属于投资学的范畴。投资学研究投资目的、投资工具、投资对象、投资策略等问题，投资机构为投资者提供投资分析、投资咨询、投资组合、代理投资等服务。③微观层面上的企业筹集、配置、运用现金资源开展营利性的经济活动，为企业创造价值并对创造的价值进行合理分配，形成企业的财务管理活动。

财务管理是基于企业生产经营过程中客观存在的财务活动和财务关系而产生的，它是利用价值形式对企业生产经营过程进行的管理，是企业组织财务活动、处理财务关系的一项综合性的经济管理工作。财务管理工作内容复杂，只要有资金运动，就必然涉及财务管理的范畴。

企业财务管理集中于企业如何才能创造并保持价值，以达到既定的经营目标。企业的财务管理人员从资本市场为企业筹集资金，并把这些资金投入企业决定经营的项目中，变

---

①南京晓庄学院经济与管理学院. 企业财务管理 [M]. 南京：东南大学出版社，2017.

成企业的实物资产。通过有效的生产和经营，企业获得净现金流入量，并把其中一部分作为投资回报分给股东和债权人，而另一部分留给企业用于再投资，同时企业还要完成向国家缴纳税款的义务。资金在金融市场和企业之间的转换和流动正是财务管理所起的作用。在高度不确定的市场环境中，财务管理已成为现代企业经营管理的核心，关系到企业生存和发展。财务管理人员只有把企业的筹资、投资和收益分配等决策做好，企业才能实现资产增值的最大化，才能有较强的生存和发展潜能。否则，企业将陷入财务困境，甚至有破产的风险。

（一）财务活动的组织

企业财务活动是以现金收支为主的企业资金收支活动的总称，具体表现为企业在资金的筹集、投资及利润分配活动中引起的资金流入及流出。

1. 企业筹资引起的财务活动

企业从事经营活动，必须有资金。资金的取得是企业生存和发展的前提条件，也是资金运动和资本运作的起点。企业可以通过借款、发行股票等方式筹集资金，表现为企业的资金的流入。企业偿还借款、支付利息、股利以及付出各种筹资费用等，则表现为企业资金的流出。这些因为资金筹集而产生的资金收支，便是由企业筹资引起的财务活动。

企业需要多少资金、资金从哪里来、以什么方式取得、资金的成本是多少、风险是否可控等一系列问题需要财务人员去解决。财务人员面对这些问题时，一方面要保证筹集的资金能满足企业经营与投资的需要；另一方面还要使筹资风险在企业的掌控之中，以免企业以后由于无法偿还债务而陷入破产境地。

2. 企业投资引起的财务活动

企业筹集到资金以后，使用这些资金以获取更多的价值增值，其活动即为投资活动，相应产生的资金收支便是由企业投资引起的财务活动。

投资活动包括对内投资及对外投资。对内投资主要是使用资金以购买原材料、机器设备、人力、知识产权等资产，自行组织经济活动方式获取经济收益。对外投资是使用资金购买其他企业的股票、债券或与其他企业联营等方式获取经济收益。

对内投资中，公司用于添置设备、厂房、无形资产等非流动资产的对内投资由于回收期较长，又称对内长期投资。对内长期投资通常形成企业的生产运营环境，形成企业经营的基础。企业必须利用这些生产运营环境，进行日常生产运营，组织生产或提供劳务，并最终将产品或劳务变现方能收回投资。日常生产运营活动也是一种对内投资活动，这些投资活动主要形成了应收账款、存货等流动资产，资金回收期较短，故又被称为对内短期投资。

企业有哪些方案可以备选投资、投资的风险是否可接受、有限的资金如何尽可能有效地投放到最大报酬的项目是财务人员在这类财务活动中要考虑的主要问题。财务人员面对这些问题时，一方面要注意将有限的资金尽可能加以有效的使用以提高投资效益，另一方面要注意投资风险与投资收益之间的权衡。

3. 企业利润分配引起的财务活动

从资金的来源看，企业的资金分为权益资本和债务资本两种。企业利用这两类资金进行投资运营，实现价值增值。这个价值增值扣除债务资本的报酬即利息之后若还有盈余，即为企业利润总额。我国相关法律法规规定企业实现的利润应依法缴纳企业所得税，缴纳所得税后的利润为税后利润又称为净利润。企业税后利润还要按照法律规定按以下顺序进行分配：①弥补企业以前年度亏损；②提取盈余公积；③提取公益金，用于支付职工福利设施的支出；④向企业所有者分配利润。这些活动即为利润分配引起的财务活动。

利润分配活动中尤为重要的是向企业所有者分配利润。企业需要制定合理的利润分配政策，相关政策既要考虑所有者近期利益的要求，又要考虑企业的长远发展，留下一定的利润用作扩大再生产。

财务活动的不同方面不是相互割裂、互不相关的，而是相互联系、互相依存的。因此，合理组织这些财务活动即构成了财务管理的基本内容，即筹资管理、投资管理及利润分配的管理三个方面。

（二）财务关系的处理

企业在组织财务活动过程中与其利益相关者之间发生的经济关系即为企业财务关系。在企业发展过程中，离不开各种利益相关者的投入或参与，比如股东、政府、债权人、雇员、消费者、供应商，甚至是社区居民。他们是企业的资源，对企业生产经营活动能够产生重大影响。企业要照顾到各利益相关者的利益才能使企业生产经营进入良性循环状态。

一是企业与其所有者之间的财务关系。企业的所有者是指向企业投入股权资本的单位或个人。企业的所有者必须按投资合同、协议、章程等的约定履行出资义务，及时提供企业生产经营必需的资金；企业利用所有者投入的资金组织运营，实现利润后，按出资比例或合同、章程的规定，向其所有者分配利润。企业同其所有者之间的财务关系体现着所有权的性质，反映着经营权和所有权的关系。

二是企业与其债权人之间的财务关系。企业除利用所有者投入的资本金进行经营活动外，还会向债权人融入一定数量的资金以补充资本金的不足或降低成本企业资本成本。企业债权人是指那些对企业提供需偿还的资金的单位和个人，包括贷款债权人和商业债权人。贷款债权人是指给企业提供贷款的单位或个人；商业债权人是指以出售货物或劳务形式提供短期融资的单位或个人。企业利用债权人的资金后，对贷款债权人，要按约定还本付息；对商业债权人，要按约定时间支付本金，若约定有利息的，还应按约定支付利息。企业同其债权人之间体现的是债务与债权的关系。

三是企业与其受资者之间的财务关系。企业投资除了对内投资以外，还会以购买股票或直接投资的形式向其他企业投出股权资金。企业按约定履行出资义务，不直接参与被投资企业的经营管理，但是按出资比例参与被投资企业的利润及剩余财产的分配。被投资企业即为受资者，企业同其受资者之间的财务关系体现的是所有权与经营权的关系。

四是企业与其债务人之间的财务关系。企业经营过程中，可能会有闲置资金。为有效利用资金，企业会购买其他企业的债券或向其他企业提供借款以获取更多利息收益。另外，在激烈的市场竞争环境下，企业会采用赊销方式促进销售，形成应收账款，这实质上相当于企业借给购货企业一笔资金。这两种情况下，借出资金的企业为债权人，接受资金的企业即为债务人。企业将资金借出后，有权要求其债务人按约定的条件支付利息和归还本金。企业同其债务人的关系体现的是债权与债务关系。

五是企业与国家之间的财务关系。国家作为社会管理者，担负着维护社会正常秩序、保卫国家安全、组织和管理社会活动等任务。国家为企业生产经营活动提供公平竞争的经营环境和公共设施等条件，为此所发生的费用须由受益企业承担。企业承担这些费用的主要形式是向国家缴纳税金。依法纳税是企业必须承担的经济责任和义务，以确保国家财政收入的实现；国家秉承着"取之于民、用之于民"的原则，将所征收的税金用于社会各方面的需要。企业与税务机关之间的关系反映的是依法纳税和依法征税的义务与权利的关系。

六是企业内部各单位之间的财务关系。企业是一个系统，各部门之间通力合作，共同为企业创造价值。因此各部门之间关系是否协调，直接影响企业的发展和经济效益的提高。企业目前普遍实行内部经济核算制度，划分若干责任中心、分级管理。企业为了准确核算各部门的经营业绩，合理奖惩，各部门间相互提供产品和劳务要进行内部结算，由此而产生了资金内部的收付活动。企业内部各单位之间的财务关系实质体现的是在劳动成果上的内部分配关系。

七是企业与员工之间的财务关系。员工是企业的第一资源，员工又依靠企业而生存，两者相互依存。正确处理好公司与员工之间的关系，对于一个公司的发展尤为重要，也是一个公司发展壮大的不竭动力。员工为企业创造价值，企业将员工创造的价值的一部分根据员工的业绩作为报酬（包括工资薪金、各种福利费用）支付给员工。企业与员工之间的财务关系实质体现的也是在劳动成果上的分配关系。

第二节　财务管理的原则与方法

一、财务管理的原则

（一）收益风险均衡原则

一旦参与市场竞争，无论哪种类型的财务活动都有可能遇到风险。比如企业没有获得预期的财务成果等。经济活动最直接的目的是获得收益，如果企业因为害怕面临风险，在面对市场竞争的时候一再退缩，那么只会在一次次冲击下变得越发虚弱，最终失去竞争的资格。其实，风险往往也意味着机遇，风险越大，收益越高。有些企业只顾追逐经济利益，却对可能出现的风险没有防范意识，这就违背了风险收益均衡原则。明智的做法是，企业在进行具体的财务活动之前，一定要先将这项活动实施过程中可能会遇到的种种风险考虑清楚，同时分析其收益性，按照风险收益均衡原则去制定行动方案，将风险降至最低。在实践过程中，为了获取更多利益，相关工作人员也要懂得趋利避害。

（二）利益关系协调原则

财务人员在进行财务管理时，会与各方面的经济利益产生密切而又复杂的关系。而一旦涉及经济利益，各方人员便可能会产生各种矛盾与纠纷，这时候便需引入利益关系协调原则。国家相关工作人员在财务管理过程中，应当协调好国家、投资者、债权人、经营者、劳动者的经济利益，保护各方的合法权益，而不能厚此薄彼，主观行事。同时，在企业内部，一旦各部门、各单位之间产生利益纠纷，就会大大拖累企业的运行效率，阻碍企业发展的脚步。所以说，利益关系协调原则在企业内部依然适用。为了提高各部门、各单位工作人员的工作热情，并加深大家对企业文化的认同感，使其更有凝聚力，企业财务人员要协调好各方关系，维护各方利益，努力平息各种经济纠纷。通过财务活动，便能实现企业内部和外部经济利益的调整。

在经济生活中，总是存在着这样几对矛盾：眼前利益和长远利益之间的矛盾、局部利益和全局利益之间的矛盾、个人利益和集体利益之间的矛盾。这些矛盾之间往往错综复杂、关系微妙，单纯只靠经济利益的调节，是很难彻底解决的。因此，在物质利益关系的时候，一定要加强个人的思想道德教育和政治领悟，提倡顾全全局利益、整体利益，防止本位主义、极端个人主义的出现。

（三）分级分权管理原则

在规模较大的现代化企业中，对财务活动必须在统一领导的前提下实行分级分权管理。统一领导下的分级分权管理，是民主集中制在财务管理中的具体运用。

统一领导下的分级分权管理，包含专业管理和群众管理相结合的要求。企业财务部门是专职财务管理部门，而供产销等部门的管理则带有群众管理的性质。通常在厂部、车间两级设有专职财务人员，而在班组，仓库则由广大工人直接参加财务管理。统一领导下的分级分权管理，从某种意义来说，也就是在财务管理中实行民主管理。

（四）资金合理配置原则

企业财务管理是对企业全部资金的管理，而资金运用的结果则形成企业各种各样的物质资源。各种物质资源总是要有一定的比例关系的，所谓资金合理配置，就是要通过资金活动的组织和调节来保证各项物质资源具有最优化的结构比例关系。因此，资金合理配置是企业持续、高效经营的必不可少的条件。

（五）收支积极平衡原则

保持各种资金存量的协调平衡是财务管理的重要内容之一，除此之外，财务人员还要格外关注资金流量的协调平衡等问题。

企业发生资金支出和取得资金收入，分别意味着一次资金循环的开始与终结，由此可知，资金周转的关键在于资金的收支。资金周转如果进行得不顺利，意味着某个环节一定违背了收支积极平衡原则。而收支积极平衡原则要求资金收支不仅要在一定期间总量上求得平衡，而且在每一个时点上协调平衡，这是资金循环过程得以周而复始进行的条件。

（六）成本效益原则

在企业财务管理中，既要关心资金的存量和流量，更要关心资金的增量。企业资金的增量即资金的增值额，是由营业利润或投资收益形成的。因此，对于形成资金增量的成本与收益这两方面的因素必须认真进行分析和权衡。成本效益原则就是要对经济活动中的所费与所得进行分析比较，对经济行为的得失进行衡量，使成本与收益得到最优的结合，以求获取最多的盈利。

企业的一切成本、费用的发生，最终都是为了取得收益，都可以联系相应的收益进行比较。进行各方面的财务决策，都应当按成本效益的原则作出周密的分析。因此，成本效益原则在各种财务活动中广为运用。

（七）股东价值驱动原则

企业价值，简单地说，就是公司的市值，即投资者购买公司股票时愿意支付的价钱，也就是股东财富。投资者或者说资本的天性就是孜孜不倦地追逐私利。因此，从这个意义上说，企业价值最大化也可以认为就是股东价值最大化。企业经营者要想获得资金，就必须将实现股东财富利益作为诸任务中的重中之重，在战略导向上，财务战略管理应被确立为"股东价值驱动战略"。

以股东价值为导向是财务战略管理最基本的属性。然而，股东价值对于就业、社会责任、环境等的重要性，历来是并且仍然是人们激烈争论的话题。就西方发达国家而言，欧洲大陆国家对企业目标有着不同的认识，比如，按照荷兰法律，大公司董事会的根本职责就是保证公司的生存，而不是代表股东追求价值最大化。德国的公司治理机制也有类似的规定。本书认为，有两个原因促使管理者应把重心放在股东价值的创造上。第一，在多数发达国家，股东的影响已经主宰了高层管理者的日常工作。第二，以股东为导向的经济体制比其他经济体制的绩效更好，其他利益相关人也不会因股东的利益而遭受损失；相反，从战略意义上看，他们的利益是一致的。①

（八）利用价值管理能力原则

只有具备价值管理能力才能成为真正的价值管理者。公司可以通过以下六个步骤建立其管理价值的能力。

1. 确定以价值为核心的指标和绩效尺度

公司的管理者需要有明确的目标和绩效尺度，以衡量他们的工作进展。虽然股票价格是最根本的绩效指标，但它对管理者尤其是基层业务单元的管理者而言需要具体性和可操作性都更强的标准。至于净利润这样的会计指标，由于忽略了为取得利润而占用资本的机会成本，因而也不可取。另外，投入资本收益率指标忽视了价值创造的增长。能较好衡量

---

① 黎精明，兰飞，石友蓉. 财务战略管理［M］. 北京：经济管理出版社，2014.

股东价值创造的指标是经济利润，该指标既考虑了增长，又考虑了投入资本的收益。经济利润等于投入资本收益率与资本机会成本之差乘投入资本，即经济利润=投入资本×（投入资本收益率–资本机会成本）。由于未来经济利润的折现价值（加目前的投入资本额）等于折现现金流量，因此，可以通过使经济利润最大化而实现折现现金流量的最大化。由于基层管理者需要的是他们能直接施加影响的指标和绩效尺度，因此业务单元的经理必须为其基层管理者把经济利润指标转换成更为具体、可操作性更强的绩效尺度。例如，生产经理的绩效可以用单位成本、质量以及是否能按时交货来衡量，销售经理的绩效可以用销售增长率、标价折扣率和销售成本占销售收入的比率来衡量。除了经济利润指标外，也可以用经济增加值（EVA）这一指标来衡量股东价值的创造。

2. 改革公司的薪酬制度，培养员工重视创造股东价值的文化与观念

建立公司以价值创造为核心理念的一个最为有力的手段是薪酬制度。高层管理者的激励机制必须以价值创造为核心。为达到这一目的，传统的做法是将高层管理者的奖金与每股收益目标的实现情况相联系。但是，由于每股收益并不总是与价值创造相一致，因此，这一实践并不有效，有效的方法是加大股票期权在其报酬中所占的比例。对于业务单元管理者的传统激励方式是将其报酬与公司整体的绩效联系在一起，而与他们所在单位绩效的联系反倒不大。改进的方法是：人力资源经理可以考虑为每个部门设计虚拟股票，从而建立延期付酬制度，该制度应围绕公司实行的经济利润或 EVA 指标，根据特定价值驱动因素目标的完成情况发放报酬。

3. 进行有效的沟通

就价值问题与投资者，尤其是战略投资者和证券分析师进行有效的沟通是至关重要的。这有两个原因：第一，可以确保市场随时取得足够的信息对公司进行评估；第二，由于市场是精明的，公司管理者可以从投资者对本公司和其他公司股票的评估中知道所在行业和竞争对手的动向。

为了提高沟通战略的效果，应注意以下两点：其一，在与投资者以及证券分析师沟通时应重点宣传公司为提高股东价值到底在做些什么；其二，可以考虑在年度财务报告的附注中增加一个部分，题为"公司的价值前景"，讨论公司创造价值的战略。公司甚至可以公布其对价值创造的估算，但前提是必须将各种假定交代清楚。上述措施可以让投资者明白公司的经营方向和股东们的投资状况。

4. 重新规定财务总监的职能

公司建立以价值创造为核心的努力要取得成功，一大关键因素便是财务总监作用的提

高。职能被强化后的财务总监可以被恰当地称为"战略和财务执行副总裁"。该职位应主导公司价值创造战略的制定。

（九）寻找价值驱动因素原则

要寻找股东价值驱动因素，就必须理解日常经营和重大投资决策中有哪些因素对价值的影响最大。确定价值驱动因素的过程如果做得好，将在以下三个方面对管理者有巨大的帮助：其一，有助于业务单元的管理者和员工理解价值是怎样创造的以及怎样使价值最大化；其二，有助于安排驱动因素的优先顺序，确定该把资源用在何处，或把资源从何处撤走；其三，有助于业务单元管理者和员工在应优先考虑的驱动因素方面形成共识。

与价值驱动因素相关的各种标准被称作绩效指标，这些指标既可以用来确定财务战略目标，又可以用来评估绩效。

值得注意的是，在运用上述原则确定价值驱动因素时，必须明确公司每个业务单元应该有自己的主要价值驱动因素和主要绩效指标。例如，经营业绩突出、利润率高的业务单元应把重点放在与增长相关的主要绩效指标上，而利润率低的业务单元应把重点放在与成本相关的有关绩效指标上。另外需要注意的是，业务单元应限制绩效指标的数量。根据经验，5~10个绩效指标就够了，上限为20个。因为如果绩效指标过多的话，可能会使管理层很难决定到底把重点放在哪些指标之上。

最后，平衡计分卡为股东价值驱动因素的分析提供了一个通用框架。根据平衡计分卡，股东价值驱动因素应从顾客、业务流程、学习与成长以及财务四个方面寻找。

二、财务管理的方法

（一）财务预测方法

财务预测是财务人员根据历史资料，依据现实条件，运用特定的方法对企业未来的财务活动和财务成果所作出的科学预计和测算。进行财务预测，是提高企业财务管理的预见性，避免盲目性，争取最优财务成果的重要措施。

财务预测的方法很多，在预测时应根据具体情况有选择地利用这些方法。企业财务管理中常用的方法有定性预测法和定量预测法。

1. 定性预测法

定性预测法又称经验判断法，是一种凭借预测者个人或集体的智慧和经验进行分析、预测的方法。这种方法一般是在企业缺乏完备、准确的资料的情况下采用的。其预测过程是：首先，由熟悉企业财务情况的专家，根据过去所积累的经验进行分析判断，提出预测的初步方案；其次，再通过召开座谈会等形式，对上述预测方案进行讨论和补充；最后，得出预测结果。

2. 定量预测法

定量预测法是根据变量之间存在的数量关系，建立数学模型来进行预测的方法。定量预测法又可分为趋势预测法和因果预测法。

趋势预测法是按时间顺序排列历史资料，根据事物发展的连续性来进行预测的一种方法。因为是按时间顺序排列历史资料，所以又称时间序列预测法。这类方法又可细分为算术平均法、加权平均法、指数平滑法、直线回归分析法和曲线回归分析法。

因果预测法是根据历史资料，并通过仔细分析，明确地找出要预测因素与其他因素之间的因果关系，建立数学模型来进行预测的一种方法。

（二）财务决策方法

财务决策是指在财务预测的前提下，在若干种经营和财务活动方案中，选择最优方案的投资决策和利润分配决策等。财务决策包括以下几个步骤：①确定决策目标；②提出备选方案；③选择最优方案。

财务决策的方法有很多，在企业财务管理中常见的有以下几种方法。

1. 优选对比法

优选对比法是把各种不同的方案排列在一起，按其经济效益的好坏进行优选对比，进而作出决策的方法。它是财务决策的基本方法。它可分为总量对比法、差量对比法和指标对比法。

总量对比法是将不同方案的总收入、总成本或总利润进行对比，以确定最佳方案的一种方法。

差量对比法是将不同方案的预期收入之间的差额进行比较，求出差量，进而作出决策的方法。

指标对比法是把不同方案的经济效益指标进行对比，来确定最优方案的方法。例如，在进行长期投资决策时，可用不同投资方案的净现值、内含报酬率和现值指数等指标进行对比，从而选出最优方案。

2. 数学微分法

根据边际分析原理，运用数学微分方法，对具有曲线联系的极值问题进行求解，进而来确定最优方案的一种决策方法。

3. 线性规划法

根据运筹学原理，对具有线性联系的极值问题进行求解，从而确定最优方案的一种方法。

4. 概率决策法

这是一种风险决策的方法，由于企业对未来情况不十分明了，但各有关因素的未来状况及概率是可以预知的，因此用概率统计的方法来计算各个方案的期望值和标准离差，从而作出决策。

（三）财务预算方法

财务预算是运用专业技术手段和数学方法，根据管理要求和企业实际，对未来财务活动所作出的科学安排。它是财务预测和财务决策所确定的经营目标的具体化，也是财务控制、分析的主要依据。

财务预算的方法有以下几种。

1. 固定预算法

固定预算法是按照计划期内固定单一的经济活动水平来编制预算的一种方法。这种方法的主要特点是预算编好后，在预算期内除特殊情况外，一般不作变动，具有相对固定性。固定财务预算由一些财务指标所组成，确定指标的方法有平衡法、因素法、比例法和定额法等。

2. 弹性预算法

弹性预算法是指企业在不能准确预测业务量的情况下，根据资金、成本、利润与业务量之间有规律的联系，按照一系列不同的业务量来编制预算的一种方法。弹性预算法的编制程序一般为：

第一，选择和确定经济活动水平的计量单位（如产品产量、直接人工小时、销售量）。

第二，确定不同情况下经营活动水平的范围，通常以正常生产经营条件下业务量的70%~120%为宜，其中弹性间隔以 5%~10%为宜。

第三，确定资金、成本、利润同业务量水平下的预算指标。

第四，通过一定的表格进行汇总，编制出弹性预算。

弹性预算的主要优点是能够适应不同的实际经营水平的需要，其缺点是编制工作比较麻烦。

3. 滚动预算法

滚动预算法是指计划期随着时间的推移而自行延伸的一种编制预算的方法。在这种预算方法下，预算期始终保持在某一特定的期限（通常为一年）之间。这就是说，当年度预算中某一季度或月份计划执行完毕时，其相邻的下一季度或月份预算立即递补上去，以使年度预算一直含有 4 个季度预算或 12 个月份的预算。

滚动预算的优点是始终使预算的执行者既有近期目标，也有远期目标，能有效克服短期行为。但滚动预算的编制工作比较复杂，特别是那些时间比较长的滚动预算，工作量更大。

（四）财务控制方法

财务控制是利用有关信息和特定手段，对企业财务活动施加影响或调节，使之按设定的目标和轨迹运行的过程。实行财务控制是落实预算任务、保证预算实现的有效措施，是企业财务管理的关键。财务控制要经过以下几个步骤：①制定控制标准，分解落实责任；②实施追踪控制，及时调整误差；③分析执行情况，搞好考核奖惩。

财务控制方法有许多，现说明最常见的几种。

1. 防护性控制

防护性控制又称排除干扰控制。是指在财务活动产生前，就制定一系列制度和规定，把可能产生的差异予以排除的一种控制方法。例如，为了保证现金的安全和完整，就要规定现金的使用范围，制定好内部牵制制度；为了节约各种开支费用，则可事先规定开支标准等。

排除干扰是最彻底的控制方法，但排除干扰要求对被控制对象要有绝对的控制能力。在财务管理中，各种事先制定的标准、制度、规定都可以看作排除干扰的方法。

2. 前馈性控制

前馈性控制又称补偿干扰控制。是指通过对实际财务系统运行的监视，运用科学预测可能出现的偏差，采取一定措施，使差异得以消除的一种控制方法。这种方法要求掌握大量信息，并进行准确预测。

3. 反馈性控制

反馈性控制又称平衡偏差控制。是在认真分析的基础上，发现实际与计划之间的差异，确定差异产生的原因，采取确实有效的措施，调整实际财务活动或调整财务计划，使差异得以消除或避免今后出现类似差异的一种控制方法。

（五）财务分析方法

财务分析是根据有关信息资料，运用特定方法，对企业财务活动过程及其结果进行分析和评价的一项工作。通过财务分析，可以掌握各项财务计划指标的完成情况，评价财务状况，研究和掌握企业财务活动的规律，改善财务预测、决策、计划和控制，提高企业经济效益，改善企业管理水平。财务分析包括以下几个步骤：①占有资料，掌握信息；②指标对比，揭露矛盾；③分析原因，明确责任；④提出措施，改进工作。

常见的财务分析方法有对比分析法、比率分析法、因素分析法和综合分析法四种。详细内容见本书第四章第三节。

第三节 财务管理的环境分析

一、财务管理环境的基本理论

财务管理环境，也称理财环境，是指对企业财务活动和财务管理产生影响的企业内、外部的各种客观条件和影响因素的总和。财务管理以外、对财务管理系统有影响作用的一切系统的总和构成了财务管理的环境，如国家政治、经济形势，法律法规的完善程度，企业面临的市场状况，企业的生产条件等。这些都会对财务管理产生重要影响，都是财务管理环境的组成部分。

（一）财务管理环境特征分析

1. 复杂性和不确定性

财务管理活动总是在一定的时间和空间进行的。它要受多种环境因素的影响和制约。这些因素共同构成了一个多层次的综合系统。正是在这种综合系统作用下，财务管理活动才会呈现复杂性和不确定性的特征。未来是不确定的，而人们的决策都是面向未来的。在这种背景下，人们把那些无法预料的和难以测度的变化定义为不确定性。财务管理环境复杂性和不确定性的特征带给人们财务行为的困境，使人们行动的结果常处于一种未知的状态。并且，随着信息技术和信息社会的进一步发展，财务管理环境的复杂性和不确定性将日趋增加。

2. 差异性

财务管理环境的差异性特点主要表现在两个方面：一方面，财务管理环境天然地具有因国家不同、地域不同、行业不同、制度不同而产生的差异性。这种差异性主要体现在政治因素、市场因素、法律因素、文化因素等方面的不同。另一方面，即使面对相同的财务管理环境，其对不同财务管理主体的影响也会千差万别。这种差异性主要是由于财务管理环境本身所具有的复杂性、不确定性、动态性，给不同的财务管理主体形成不同认知而产生的。财务管理环境的差异性要求不同的财务管理主体在分析、利用财务管理环境时，要立足于自身的特点，扬长避短，充分利用有利的环境因素，避免不利的环境因素，有重点、有针对性地开展财务管理活动。

3. 动态性

财务管理环境具有稳定与变动的双重特性。在某一静止的时点，财务管理环境是相对稳定的，但随着时间的推移，环境本身是瞬息万变的。有些环境因素是渐变的，其变化过程因缓慢而不易被人们感知，如社会文化环境、自然地理环境等；而还有些因素的变化是突变的，其变化过程因剧烈而容易被人们直接感知，如国家政策、经济法规的变化等。

无论是渐变的因素还是突变的因素，其对财务管理活动的影响都是不容小觑的。这就要求财务管理的主体在进行财务管理活动时，应当注意观察和预测相关环境因素的变动及其变化趋势，采取及时有效的措施对企业的财务管理活动给予调整，以充分利用环境因素变化所带来的机遇或积极有效应对因环境因素变化所产生的挑战。

（二）财务管理环境的研究意义

企业的财务管理与其环境是相互依存、相互制约的。任何一个财务管理主体都处于各种既定的财务管理环境中。一方面，财务管理环境决定企业的财务管理，不同的财务管理环境有不同的财务管理目标、手段和效率，从而要求有不同的财务管理活动；另一方面，企业财务管理对环境又具有反作用，甚至在一定条件下，财务管理有能力改变环境。因此，正确认识和评价财务管理与环境的关系具有重要意义。

第一，有利于认识财务管理的历史规律。通过对财务管理环境的研究，可以使人们正确、全面地认识财务管理的历史规律，预测并顺应财务管理的未来发展趋势。财务管理的发展是各种环境因素综合作用的结果。由于受多种因素的作用，财务管理的发展变化具有两面性：当各种因素的变化比较平稳时，财务管理处于稳定发展阶段；当某地环境因素发生重大变化时，便出现财务管理内容和方法的革新，带来财务管理的迅速发展，这就是财务管理发展过程的浪潮。因此，只有认真研究财务环境，才能对财务管理的历史作出正确、全面的评价，才能对各国财务管理的发展状况有清楚的认识和合理的解释，也才有可能对财务管理的发展趋势作出合理的判断。

第二，有利于指导财务管理的实践工作。通过对财务管理环境的研究，可以使人们正确认识影响财务管理的各种因素，从而不断增强财务管理工作的适应性和灵活性，指导财务管理的实践工作取得成功。财务管理工作是在一定环境条件下进行的实践活动。人们只有通过对财务管理环境进行研究，才能够充分了解、适应和利用财务管理环境，从而作出正确的财务决策。在市场经济条件下，财务管理环境具有构成复杂、变化快速等特点，会对财务管理工作产生重大影响。财务管理人员必须对环境作出认真的调查和分析，预测财务管理环境的发展变化趋势，采取相应的财务策略，才能保证企业的长久发展。正确地认识和利用财务管理环境，无疑可以使财务管理人员的实践工作更加具针对性，更适应企业生存发展的需要。

第三，有利于推动财务管理理论的研究。通过对财务管理环境的研究，可以推动财务管理理论研究的进一步发展，建立起适应市场经济发展需要的财务管理体系。财务管理理论研究的目的不应仅限于正确地反映财务管理实践，更为重要的是，应能正确地指导实践。没有人类的财务管理实践，自然就没有财务管理理论；然而，财务管理实践如果缺乏系统的理论指导，那也是盲目的。

因此，对财务管理环境的研究应该作为一个重要的财务管理理论课题来进行研究，同时，对这一课题的研究又必将推动整个财务管理理论的研究朝着更深层次发展，将财务管理理论的研究提升到一个全新的高度。当前，应重点研究社会主义市场经济条件下，财务环境的变化对财务管理工作的影响，以便尽快建立起一个适应社会主义市场经济发展要求的财务管理体系。

（三）财务管理环境的类别划分

财务管理环境是一个多层次、多方位的复杂系统。它纵横交错、相互制约，对企业财务管理具有重要影响。因而，从不同角度、不同层次对财务环境进行分类，可以帮助企业更好地根据身边环境的特点，把握其当前的特征、未来的可能变化以及它们可能给企业财务管理带来的影响。

1. 宏观环境和微观环境

根据环境包括的范围不同，可以将财务环境划分为宏观环境和微观环境。

宏观环境是指为企业财务活动造成市场机会和环境威胁的社会力量。这种社会力量的影响范围十分广泛，一般对各类企业的财务管理均产生影响。通常，宏观环境包括国家政治经济形势、经济发展水平、金融市场状况等。

微观环境是指直接制约和影响企业财务管理活动的力量与因素。微观环境的变化一般只对特定企业的财务管理产生影响。通常，微观环境包括企业组织形式、生产状况、企业的产品销售市场状况、企业的资源供应情况等。

2. 静态环境和动态环境

根据环境的不同变化状况，可以将财务环境划分为静态环境和动态环境。

静态环境是指那些处于相对稳定状态的影响财务管理的各种因素。它通常指那些相对容易预见、变化不大的财务环境。它对财务管理的影响程度也是相对平衡的，起伏不大。因此，认清财务管理环境后一般无须经常调整、研究，而是将其作为已知条件来对待。财务管理环境中的地理环境、法律制度、企业类型、生产方向、国家产业政策、税收政策等，属于静态财务管理环境。

动态环境是指那些处于不断变化状态的影响财务管理的各种因素。这些因素变化性强、可预见性差。在市场经济体制下，产品销路、材料来源、市场物价、资金市场的资本供求状况等都是不断变化的，属于动态财务管理环境。在财务管理环境中，应着重研究、分析动态财务管理环境，并及时采取相应对策，提高对财务管理环境的适应能力和应变能力。从长远来看，财务管理环境都是发展变化的。

3. 内部环境和外部环境

根据环境与企业的关系，可以将财务环境划分为企业外部环境和企业内部环境。企业外部环境是指企业外部影响财务管理的各种因素，如国家政治、经济形势、法律制度、企业所面临的市场状况以及国际财务管理环境等。外部环境的稳定与否、完善与否会对理财活动产生重大影响。企业内部财务管理环境是指企业内部的影响财务管理的各种因素，如企业的生产情况、技术情况、经营规模、资产结构、生产经营周期等。内部环境的特点决定理财活动的特点以及财务决策如何制定。

下面将根据这种分类方式进行具体展开论述。

二、财务管理的内部环境分析

企业的内部环境是指存在于企业内部的影响企业财务管理活动的条件和因素，一般属于微观财务环境。对于大部分企业来说，其所处的外部财务环境可能是相同的，但每个企业的内部财务管理环境却是千差万别，各不相同。不同治理结构、不同组织形式和不同规模的企业分别具有不同的内部财务管理环境。企业应根据自身的内部环境特点，分别采取不同的管理措施，以实现企业财务管理效果最优化。

（一）治理结构

公司治理是一整套法律、文化和制度性安排，用来协调企业与利益相关者之间的利益关系，以保证公司决策的科学性、有效性，从而最终维护公司各方面的利益。由于世界各国在社会传统、政策法律体系、政治体制与经济制度等方面存在差异，因而演化出多样化的融资制度、资本结构与要素市场，从而形成了不同的公司治理结构。不同治理结构对财务管理的实施也具有不同的影响。

1. 外部监控型

外部监控型治理结构，也称为市场导向型公司治理模式，即公司治理主要受外部市场的影响。这种公司治理模式以高度分散的股权结构、高流通性的资本市场和活跃的公司控制权市场为存在基础和基本特征，其典型代表国家有美国、英国、加拿大和澳大利亚。

由于股权特征具有高度分散性，委托人和代理人的信息不对称程度扩大，因此，在经理人的监督和激励问题上主要采用与股东利益相结合的方式，如股票期权、股票赠予等。虽然股东大会和董事会的投票能够影响财务决策，但是经理人更能直接有力地影响这种决策，并且更倾向于作出高风险的投资决策。

2. 内部监控型

内部监控型治理结构，又称为网络导向型治理模式，即公司治理主要受股东（法人股东）和内部经理人员流动的影响。这种公司治理模式以相对集中的股权和主银行实质性参与公司监控为存在基础和基本特征，典型代表国家有日本及德国和其他欧洲大陆国家。在这种模式下，股东和主银行在公司的财务决策中发挥显著的作用，能够限制经理人的高风险投资决策偏好。

3. 家族监控型

家族监控型治理结构，指公司所有权与经营权没有实现分离，公司与家族合一，公司的主控制权在家族成员中进行配置的一种治理模式。所有权与经营权合一是家族企业和家族监控型治理结构存在的基础和基本特征，其典型代表国家有韩国和马来西亚、泰国、新加坡、印度尼西亚等东南亚国家。这种模式主要由家族领导者作出公司的财务决策，具有高效性，但是专业化程度不足，公司的内部控制体系也需要完善，并且融资规模会受到限制。

4. 转轨经济型

转轨经济型治理结构主要存在于俄罗斯、中欧以及中国这些转轨经济国家。它们的共同特点是有大量规模较大、急需重组的国有企业，且法律体系不够完善。在这些转轨经济国家中，公司财务中的最大问题是内部人控制。经理层利用经济体制转型期间的真空对企业实行强有力的控制，在某种程度上成为实际的企业所有者。即使有形式上的内部控制机制来保护投资者利益，公司的财务决策也主要由实际控制人决定。

（二）组织结构

组织结构是关于组织成员或团队任务不同角色的正规说明，为组织活动提供计划、执行、控制和监督职能的整体框架，一般由以下关键要素组成：必要的工作活动、报告关系以及部门组合。组织结构会影响信息流的传递、工作的动机以及工作的有效性，从而影响财务活动。

企业应在仔细分析自身特点的基础上，寻找一种合适的组织结构，以促进形成企业内部良好的理财环境。这样才有利于各职能部门相辅相成地开展工作，有利于企业经营管理和理财决策的实施。常用的组织结构分类方式包括：直线职能式组织结构、事业部制组织结构和矩阵式组织结构。

1. 直线职能式

直线职能式组织结构的纵向控制大于横向协调，正式的权力和影响一般主要来自职能部门的高层管理者。这种组织结构的优点是管理指令系统明确，每个员工都有其既定的汇报路线；缺点是管理层级过多，容易导致财务管理的灵活性和有机性差，与外界环境的关系僵化，与其他部门之间的横向协调和沟通缺乏效率。因此，这种组织结构适用于小型或中型规模组织以及只有少数产品线的大规模组织。

2. 事业部制

在事业部制组织结构中，各业务环节以产品、地区或客户为中心重新组合，每个事业部都有独立的生产、研发、销售等职能，强调了组织中的跨职能协调。这种组织结构的优点是，责任明确、沟通环节清晰，每个事业部都享有一定的决策权，工作积极性和创造性高，财务管理活动对外部有效性和适应性强，能够迅速对外部不稳定、高度变化的环境作出反应，调节财务活动；缺点是职能部门之间失去规模经济效益，生产线之间缺乏协调，容易导致各事业部的目标与集团总体目标不一致，会在一定程度上影响企业整体财务管理目标的实现效率。因此，这种组织结构对大规模和产品较多的组织来讲管理效果更好。

3. 矩阵式

矩阵式组织结构吸收了直线职能式组织结构和事业部制组织结构的优点，既保留了事业部制组织结构中的责任追踪，又拥有直线职能式组织结构的专业优势。矩阵式组织结构的缺点是容易造成命令混乱、权责模糊或权责不对等的情况，在职能经理和项目经理之间容易产生冲突，出现多头领导问题。在这种组织机构下，制订经营计划、监管执行情况和设计考核办法等都相对简单清晰。只要以产品为主线，以产品事业部为对象，将销量、利润、费用、渠道建设等主要的经营指标分解下达给各事业部，使权责利相连，就能实现公司的总体财务管理目标。

（三）内部规章制度

企业内部有各种各样的规章制度对企业经营管理活动进行规范和指引。这些规章制度体系的建设和实施在某种程度上体现了企业的内部管理水平。如果企业内部具有完备、健全的管理制度并且能得到严格执行，就意味着企业的财务管理具有较好的基础，企业财务管理工作具有较高的起点。这样，企业更加容易走上规范化的轨道并带来理想的财务管理效果。若企业内部规章制度不健全，或者有制度但没有严格执行，就必然给企业财务管理工作带来困难。

1. 内部规章制度体系建设

内部的规章制度体系通常围绕着企业的六项经营活动（技术、商业、业务、安全、会计和管理）进行建设，主要包括行政管理制度、人事管理制度、生产技术管理制度、质量检验制度、企业经济合同管理制度、产品供应管理办法、销售管理制度、安全生产管理制度、审计工作制度、内部控制制度、公司薪酬制度、预算管理制度等。

完善、适度、规范的内部规章制度体系可以使财务决策有章可循，提高财务活动效率，但是过度的规章制度体系则会变成繁文缛节，起到相反的效果。

2. 内部规章制度体系的执行力

内部规章制度是否能够提高财务活动效率，除了由规章制度体系本身是否完善、适度、规范决定以外，还取决于规章制度的执行是否有效。例如，大多数较大规模的企业都制定了全面预算的管理制度，但若不能从上至下、全员参与其中，或者即使参与制定预算但不按照一定的标准和制度执行，这些制度也只是形同虚设。

除了以上几点，企业内部财务环境还包括企业的生产经营规模、企业文化和企业自身筹资、投资和经营的能力，以及企业财务管理部门的整体水平。因此，企业财务管理部门和人员应该充分认识到自身在企业经营中的重要地位，积极探索适合本企业的管理模式和思路，随时根据市场动向以作出灵活反应，强化内部管理水平，降低各种消耗，积极主动地来促进企业微观财务环境的优化。

三、财务管理的外部环境分析

企业的外部环境是指企业外部影响财务活动的各种因素，有的属于宏观财务环境，如国家的经济环境、法律环境和文化环境；有的属于微观财务环境，如产品销售市场、原材料供应市场等。以下重点探讨宏观环境的外部环境内容及其对企业财务管理的影响。

（一）经济环境

财务管理的经济环境是影响财务管理的一切经济因素的总和，一般包括经济管理体制、经济发展水平、经济周期、经济政策、通货膨胀和市场的完善有效性等。

1. 经济管理体制

经济管理体制是国家的基本经济制度，是在一定的社会制度下，经济关系的具体形式以及组织、管理和调节国民经济的体系、制度、方式、方法的总称。目前，世界上典型的经济管理体制有计划经济管理体制和市场经济管理体制两种类型。中国的经济管理体制已经基本实现了市场经济管理体制的变革。

市场经济管理体制的基本特征是：政府宏观管理与调控不再是配置资源的前提，配置资源的主体是市场，企业成为"自主经营、自负盈亏"的经济实体，有独立的经营权，同时也有独立的财权。企业可以根据自身发展的需要，确定合理的资本需求，然后选择合适的方式筹集资本，再把筹集到的资本投放到效益高的项目上，最后将收益根据需求进行分配，保证企业自始至终根据自身条件和外部环境变化作出财务决策。

市场经济管理体制对企业财务管理工作的影响主要体现在：要求企业面向市场进行财务管理活动，而不是接受政府的行政命令；要求企业将利润最大化或企业价值最大化作为财务管理的目标，而不是完成国家下达的指标；企业自主进行筹资、投资和利润分配决策，国家不直接参与；企业主要通过市场进行预测和决策，而不是按照行政命令下达的财务计划进行财务管理；财务管理成为独立于企业生产经营的管理活动，企业财务部门可以独立完成筹资、投资和分配等活动。

2. 经济发展水平

不同国家的经济发展水平是不同的，市场的成熟度也存在差距。这些都会影响企业的财务管理活动。通常将处于不同经济发展阶段的国家分为发达国家、发展中国家和不发达国家三个群体。

发达国家的市场机制已比较成熟，在市场经济环境下已经积累了丰富的理论和实践经验，因此财务管理理论水平较高，管理活动创新能力很强，财务管理的方法和手段也非常科学、严密；发展中国家的现代商品经济相对起步较迟，市场经济发展水平不高，但发展中国家企业财务管理的内容和方法手段能够在学习发达国家先进理论的基础上快速更新，同时受政策影响显著，出现不是很稳定的特征；不发达国家经济发展水平低，企业经济活动内容简单，企业规模小，因而，无论在财务管理的内容、方法还是手段上都落后于发达国家和发展中国家。

3. 经济周期

经济周期是指在整个国民经济活动中所出现的由扩张到收缩的循环往复。这种循环往复呈现周期性波动特征，主要包括经济复苏阶段、经济繁荣阶段、经济衰退阶段和经济萧条阶段。这种起伏更替的周期波动直接影响几乎所有的产业和企业。

在经济周期的不同阶段，企业的规模、销售能力、获利能力以及相关的资本需求都会表现为不同的特征，对企业的财务策略会产生不同的影响，因而会影响财务管理的手段、方法。

4. 经济政策

经济政策是国家进行宏观经济调控的重要手段。国家根据不同时期社会经济发展的战略要求制定出不同的经济政策，包括产业发展和升级政策、经济结构调整政策、区域经济发展政策、金融政策和财税政策等，构成了现代企业重要的财务管理环境，对企业的筹资、投资和收益分配活动都会产生重要影响。

例如，具有优惠性的财税政策会影响企业的资本结构和投资项目的选择，产业政策和经济结构调整政策会影响资本的投向、投资回收期及预期收益。经济政策会随经济状况的变化而调整。如果企业能够及时地预测某项经济政策，把握住投资机遇，就能享受国家的优惠条件，从而得到巨大的收益。

5. 通货膨胀

通货膨胀是影响企业财务管理的重要因素，因为它直接对企业的现金流量和管理策略产生重大影响。通货膨胀不仅对消费者不利，对企业财务活动的影响更为严重。首先，企业资金需求不断膨胀。因为物价上涨，同等数量的存货会占用更多的资金；企业为减少原材料涨价所受损失往往提前进货，超额储备，资金需求量增加；资金供求矛盾尖锐，企业间相互拖欠货款的现象严重，应收账款增加，资金流动质量变差；通货膨胀时，按历史成本原则核算，会造成成本虚低，利润虚增，而可用资金不足，企业想要维持正常生产，就需要增加资金。其次，资金供给持续性短缺。因为政府为控制通货膨胀，紧缩银根，减少了货币资金供应量；物价上涨，引起利息率上涨，使股票、债券价格暴跌，增加了企业在资本市场筹资的难度；同时物价上涨时，银行贷款的风险加大，贷款的条件也更加苛刻。最后，货币性资金不断贬值。有价证券价格的不断下降使企业倾向于具有保值性的实物性资产的投资。

企业应当采取适当措施防范通货膨胀给企业造成的不利影响。在通货膨胀初期，货币面临着贬值的风险。企业可以加大投资，避免风险，实现资本保值；与客户签订长期购货合同，减少物价上涨造成的损失；借入长期负债，保持资本成本的相对稳定。在通货膨胀持续期，企业应采用偏紧的信用政策，减少企业债权或调整财务政策，防止和减少企业资本流失等。

6. 市场的完善有效性

企业依赖市场而存在和发展，市场环境影响企业的财务活动。从企业所处的市场环境竞争态势来看，市场类型可以划分为完全竞争市场、不完全竞争市场、寡头垄断市场和完全垄断市场。

对于计划在证券市场上融资和投资的企业而言，证券市场的效率对财务决策也具有重要的影响。从证券市场上股票价格与相关信息的角度来看，证券市场可以划分为强式有效市场、半强式有效市场和弱式有效市场。

第一，强式有效市场。这种类型的证券市场是指证券价格完全反映了所有与价格变化有关的信息，包括历史信息、公开信息和内部信息。在这种市场上，证券价格取决于其实际价值，因而，即使个别投资者在偶尔几次投资活动中获得超常利润，也不可能长期稳定地保持这种收益，总的投资结果将只能获得平均利润，靠造假手段无法真正影响证券价格。

第二，半强式有效市场。这种类型的证券市场是指证券价格反映了所有历史信息和公开信息，但不能反映其内部信息。这种市场的效率程度要低于强式有效市场，但是公开发表的信息越迅速、越完整地被投资者获知，证券市场将会越有效率，但将会反过来减少投资者赚取超额利润的机会。

第三，弱式有效市场。这种类型的证券市场是指证券价格反映了所有过去证券价格变动的资料和信息，但不能及时、有效、全面地反映所有公开信息，更不能反映内部信息。这种市场的效率程度比半强式有效市场还要低，证券价格的未来走向与其历史变化没有任何必然联系，证券价格的历史数据不能用来预测未来价格的变化情况，因此，投资者无法用过去的信息来判断目前的证券价格是否合理。

（二）法律环境

财务管理是一种社会行为，一定会受到法律规范的约束。财务管理的法律环境是指个体在从事财务活动以及在处理各种财务关系时所应遵守的各种法律、法规和制度。市场经济是以法律规范和市场规则为特征的经济体制。法律规定了企业经营活动的空间，也为企业自主经营提供了法律保护。目前，直接影响财务主题的财务机制运行的重要法律规范主要包括财政税务法规、金融证券法规、财务会计法规、企业组织类法规等。

1. 财政税务法规

税收是国家凭借政治权力无偿征收实物或货币，来取得财政收入的一种手段。由于国家财政收入的主要来源是企业所缴纳的税金，而国家财政状况和财政政策对企业资金供应和税收负担具有重要影响，同时，国家各种税种的设置、税率的调整还具有调节生产经营的作用。因此，企业的财务管理决策应当适应税收政策的导向，合理安排资金投放，以追求最佳经济效益。

税法是由国家机关制定的、调整税收征纳关系及其管理关系的法律规范的总称。中国税法的构成要素主要有征税人、纳税义务人、征税对象、税目、税率、纳税环节、计税依据、纳税期限、纳税地点、减税免税、法律责任等。中国现行税法规定的主要税种包括增值税、消费税、资源税、企业所得税和个人所得税等。税负是企业的一种费用，会增加企业的现金流出，对企业财务管理具有重大影响。

税收对财务管理的影响具体表现在融资决策、投资决策、利润分配决策方面。例如，在融资决策中，按照国际惯例和中国现行所得税制度，企业借款利息可在所得税前予以扣除，减少了企业的应纳税所得额，取得财务杠杆效应，而其他筹资方式则无此优势。在投资决策中，企业投资建立不同形式、不同规模的经济组织，投资于不同的行业，投资经营不同的业务，都会面临不同的税收政策。例如，中国现行企业所得税法规定了投资于特定行业（如高新技术产业等）以及农业企业的优惠政策。在企业利润分配决策中，税金与利润呈反向变动关系。一定时期内企业承担的税金增加，则利润必然会减少；反之亦然。现实税率的变动会引起企业现实利润的变动，预计税率的变动会影响利润的预测值。

2. 金融证券法规

针对金融市场及相关金融证券的法规既为企业提供了一个规范化的财务管理环境，同时也对企业的财务管理活动提出了严格的要求。主要的金融证券法规有《中华人民共和国证券法》《中华人民共和国人民银行法》《中华人民共和国商业银行法》《中华人民共和国票据法》《企业债券管理条例》《支付结算办法》《中国人民银行信用卡业务管理办法》《中华人民共和国外汇管理条例》《信贷资产证券化试点管理办法》等。

企业理财活动既受到保护又受到约束。例如,《中华人民共和国证券法》的出台就要求所有企业在发行、转让、购买证券的过程中要严格履行各种法律程序,承担各种法定责任。这样,证券市场既成为规范化的市场,企业从事各种证券业务也得到有效的保障;又如,《中华人民共和国票据法》要求企业在运用票据结算时应及时履行各种义务,在客观上为商业信用的普及提供保障。

3. 财务会计法规

财务会计法规制度是规范企业财务活动、协调企业财务关系的行为准则。财务会计法规对于促进企业依法自主经营、自负盈亏、自我发展、自我约束,使企业成为产权明晰、权责明确、政企分开、管理科学的现代企业,具有重要的意义。

4. 企业组织类法规

关于企业组织的法规直接决定了企业财务运行可能的方式和环境。企业组织类法规有《中华人民共和国公司法》《全民所有制工业企业法》《中华人民共和国个人独资企业法》《中华人民共和国合伙企业法》《中华人民共和国乡镇企业法》《中华人民共和国中小企业促进法》《中华人民共和国中外合资经营企业法》等。不同组织类型的法规对于不同企业的投资、筹资和分配政策以及相关的公司治理机制安排都作出了不同的规定,在很大程度上影响了企业的财务管理行为。

5. 其他法规

除了以上体系,还有一些监管法规,如《中华人民共和国审计法》《中华人民共和国企业破产法》《中华人民共和国合同法》《中华人民共和国商标法》《中华人民共和国专利法》《中华人民共和国著作权法》,以及《中华人民共和国反不正当竞争法》等。这些法律法规和其他法规一起,对财务的运行也发挥着极为重要的作用。

(三) 文化环境

财务管理的文化环境是指对财务活动的形成和发展具有制约和影响作用的各种文化因素的总和,包括思想观念、价值趋向、思维方式、行为准则以及语言文字、风俗习惯等。在不同的社会或地区,不同文化因素组成的文化环境会表现出明显的差异。这种差异会直接影响企业的财务管理行为。

根据文化的固有性质及其与社会的关系，可将文化分为专业文化和社会文化两类。"专业文化"是指该特定的专业群体为其专业目标的实现而共同遵守的核心价值观和共同的价值取向，充分体现专业群体成员共同的追求与理念，是对专业中个体行为形成内在和外在的指导与规范，也就是将专业的价值理念内化成专业成员的自觉行为。"社会文化"是指在相应社会系统、社会关系中获得社会属性、具有社会功能的文化现象、文化客体。这种文化几乎存在于每一个社会环节中，如价值观念、道德水平等。

1. 专业文化

财务管理作为一门独立的学科产生于19世纪末，但其理论在20世纪50年代以后才取得巨大进展。这主要是由于数学和计算机等专门技术在财务管理领域的广泛应用，如资本资产定价模型、期权定价模型和套利定价理论等都依托于数学的推导方法。财务管理从以定性管理方法为主逐步发展为定性与定量管理方法并重，主要得益于效用理论、线性规划、概率分布和模拟技术等数量方法在财务管理研究中的应用，例如在财务风险的控制和财务决策中，理财的数量化方法占有很高的地位。

随着计算机技术和网络技术的迅猛发展和广泛应用，财务管理在手段上完成了从手工到信息化的飞跃，理财效率迅速提高，扩大了信息处理和传递范围，为及时、准确、充分地处理和传递各种信息提供了可能，形成了网络化的财务管理信息系统。基于这种平台与技术，一些远程的管理、控制及跨国财务活动已成为现实。

2. 社会文化

社会文化的内容十分广泛，包括教育、科学、艺术、舆论、新闻出版、广播电视、卫生体育、世界观、理想以及同社会制度相适应的权利义务观念、组织纪律观念、价值观念等。

第四节　财务管理的基础理论

在财务管理的发展过程中，人们的认识不断深化，对特定财务管理领域形成一系列基本理论。这些理论对财务管理起着指导作用，是理解财务管理的逻辑基础。现简要介绍如下。

一、现金流量理论

现金流量理论是关于现金、现金流量和自由现金流量的理论，是财务管理最基础性的理论。

现金是公司流动性最强的资产，是公司生存的"血库"。"现金为王"已被人们广泛认知。持有现金的多少体现着公司流动性的强弱，进而在一定程度上影响公司的风险和价值。现金也是计量现金流量和自由现金流量的基础要素。在实务中，公司重视现金和现金管理。

现金流量包括现金流入量、现金流出量和现金净流量。公司整体及其经营活动、投资活动和筹资活动都需计量现金流量，进行现金流量分析、现金预算和现金控制。依据现金流量建成的现金流量折现模型，取代了过去使用的收益折现模型，用于证券投资、项目投资等的价值评估。随着研究的深化，现金流量又发展为自由现金流量。

所谓自由现金流量，是指真正剩余的、可自由支配的现金流量。自由现金流量是美国西北大学拉巴波特、哈佛大学詹森等学者于1986年提出的，经历了30多年的发展，特别在以美国安然、世通等为代表的所谓绩优公司纷纷破产后，以自由现金流量为基础的现金流量折现模型，已成为价值评估领域理论最健全、使用最广泛的评估模型。

需要指出的是，财务管理中的现金流量与会计学中的现金流量表所讲的现金流量并不完全等同，主要差别在于是否包含现金等价物，后者包含现金等价物，而前者不含现金等价物。

二、价值评估理论

价值评估理论是关于内在价值、净增加值和价值评估模型的理论，是财务管理的核心理论。

从财务管理的角度看，价值主要是指内在价值、净增加值。譬如，股票的价值实质上是指股票的内在价值，即现值，项目的价值实质上是指项目的净增现值，即净现值。内在价值、净现值是以现金流量为基础的折现估计值，而非精确值。

现金流量折现模型是对特定证券现值和特定项目净现值的评估模型。从投资决策的角度看，证券投资者需要评估特定证券的现值，以与其市场价格相比较，作出相应的决策；项目投资者需要评估特定项目的净现值，据以取得和比较净增加值，作出相应的决策。

价值评估除了研究现金流量外，还需要确定折现率。资本资产定价模型就是用于估计折现率的一种模型。资本资产定价模型由财务学家威廉·夏普在20世纪60年代创建。按照该模型，金融资产投资的风险分为两类：一种是可以通过分散投资来化解的可分散风险（非系统风险）；另一种是不可以通过分散投资化解的不可分散风险（系统风险）。在有效市场中，可分散风险得不到市场的补偿，只有不可分散风险能够得到补偿。证券的不可分散风险可用 β 系数来表示，β 系数用来计量该证券报酬率对市场组合报酬率的敏感程度。市场组合是指包含市场上全部证券的投资组合。据此，形成了资本资产定价模型。资本资产定价模型解决了股权资本成本的估计问题，为确定加权平均资本成本扫清了障碍，进而使得计算现值和净现值成为可能。

三、风险评估理论

风险导致财务收益的不确定性。在理论上，风险与收益成正比，因此，激进的投资者偏向于高风险，就是为了获得更高的利润，而稳健型的投资者则看重安全性，偏向于低风险。在实务中，风险无时不在，无处不在。投资、筹资和经营活动都存在风险，需要进行风险评估。

四、投资组合理论

投资组合是投资于若干种证券构成的组合，其收益等于这些证券收益的加权平均值，但其风险并不等于这些证券风险的加权平均数。投资组合能降低非系统性风险。

投资组合理论的奠基人是经济学家马科维茨。他在 1952 年首次提出投资组合理论，并进行了系统、深入和卓有成效的研究。从资本市场的历史中可认识到风险和报酬存在某种关系：一是承担风险会得到报酬，这种报酬称为风险溢价；二是风险越高，风险溢价越大。但是，人们长期没有找到两者的函数关系。马科维茨把投资组合的价格变化视为随机变量，以它的均值来衡量收益，以它的方差来衡量风险，揭示了投资组合风险和报酬的函数关系。因此，马科维茨的理论又称为均值方差分析理论。他是首位对投资分散化理念进行定量分析的经济学家，他认为通过投资的分散化可以在不改变投资组合预期收益的情况下降低风险，也可以在不改变投资组合风险的情况下增加预期收益。

第二章 财务管理的内容范畴

第一节 资产管理

一、流动资产管理

企业流动资产主要包括现金、应收账款、存货等。它的配置和管理是企业财务管理的重要组成部分。如果流动资产过多，会增加企业的财务负担，从而影响企业的盈利能力；相反，流动资产不足，则其财务周转不灵，会影响企业正常经营。企业在生产经营中恰好存在着此类问题，理应及时、合理地对流动资产进行管理，结合自身的发展特点，制定出符合自身要求的管理体系。

（一）流动资产概述

1. 流动资产的概念

所谓流动资产，是指可以在 1 年内或长于 1 年的一个营业周期内变现的资产。按照流动资产的变现速度（速度越快，流动性越高，反之亦然）划分，流动性最高的资产属货币资金；其次是短期投资；再次是应收账款；最后是存货。同样地，流动负债是指需要在 1 年或者超过 1 年的一个营业周期内偿还的债务。又称短期融资，主要包括以下几类项目：短期借款、应付账款、应付工资、应交税金及应付利润（股利）等。

2. 流动资产的分类

（1）现金、各种银行存款。现金、各种银行存款是指企业的库存现金或外币现钞，以及存入境内外的人民币存款和存款。在流动资产中，它流动性最强，可直接支用，也是其他流动资产的最终转换对象。

（2）应收及预付款项。应收及预付款项是指企业在生产经营过程中所形成的应收而未收的或预先支付的款项，包括应收账款、应收票据、其他应收款和预付货款。企业为了加强市场竞争能力，通常采取赊销或预先支付一笔款项的做法。

（3）库存。库存是指企业在生产经营过程中为销售或者耗用而储存的各种资产，包括商品产成品、半成品、在产品原材料、辅助材料、低值易耗品、包装物等。库存具有较大的流动性，且其占用分布于各经营环节，故在流动资产中占有较大的比重。

（二）现金管理

1. 现金的持有动机

（1）交易动机。交易动机是指企业为维持正常生产经营秩序而持有一定货币资金的行为。公司在正常生产活动的过程中，通常会在购买原材料、支付小额费用之时需要运用一部分现金。公司根据以往的经营经验以及公司交易规模的发展决定公司持有现金量的水平。当然，在特殊时期，公司会根据特殊需求而增加现金的持有量，例如有在建工程的时候。

（2）投机动机。投机动机是指，当企业发展遇到特殊的投资机会的时候，就可以发挥这部分置存现金的作用，比如可用手头持有的现金大量购买价格低廉的生产资料，或者时机合适的话，可以购买有利于企业未来发展的股票和债券等。不可否认的是，通常情况下，除了金融企业和投资公司外，大部分企业很少会有较多的特殊置存现金来满足投机性的需要，所以当市场上出现不寻常的投资机会的时候，临时筹集资金就成为这些企业获取资金的重要途径。企业确定现金余额时对于投机动机的考虑只是一个次要的因素，并且企业对待风险的态度以及其在金融市场的投资机会最终决定着企业持有现金量的大小。

（3）预防动机。预防动机是指公司为应付紧急情况而持有一定先进的行为。企业在处理自身业务活动的时候，通常需要处理一些紧急情况，从而难以预测未来现金流入量与流出量。需要值得注意的是，当实际发生的情况与企业对现金流量的预期存在明显的背离的时候，有可能使企业陷入困境，从而威胁到企业的正常生产经营秩序。因此，企业需要在维持一定正常业务活动资金需要量的基础上，追加持有一部分现金，用以应付可能发生的波动。企业在确定应持有的预防动机现金可以考虑下述三个方面的因素：第一，公司对待风险的态度；第二，公司短期借款能力；第三，公司现金流的预期强度。

2. 与现金相关的成本

（1）持有成本。公司持有货币资金就会放弃一部分报酬——货币市场能够带来的利息收入，因此这一部分成本的大小与货币资金的余额还有货币市场的利率变化有关系。企业为了经营业务的需要，拥有一定的现金是有必要的，但现金拥有量过高，机会成本代价就会增大，从而降低企业的收益。

（2）转换成本。货币资金的转换成本是指货币资金与有价证券相互转换发生的成本，外国学者也将之称为皮鞋成本，主要包括经纪人费用、证券过户费用等。这一部分费用与证券交易次数和交易量有关。

（3）管理成本。公司保留一部分货币资金就必须雇用相关人员进行管理，例如现金出纳，为其支付一部分薪酬，还要购买一些保管设备。这一部分统称为货币资金的管理成本。

（4）短缺成本。现金的短缺成本是指在现金持有量不足而又无法及时通过有价证券变现加以补充而给企业造成的损失。直接损失与间接损失两种形式主要构成了短缺成本。当企业在生产经营的过程中现金短缺的话，就会造成对于急需的原材料无法及时购买和供应，从而使企业的生产经营中断而给企业造成损失，这是直接损失；由于现金短缺而无法按期支付货款或不能按期归还货款，将给企业的信用和企业形象造成损害，这是间接损失。现金的短缺成本与现金持有量之间的关系是密切联系的，呈反方向变动关系。更具体地来说，当现金持有量增加时，现金的短缺成本会下降；当现金持有量减少时，现金的短缺成本则会上升。

3. 最佳现金持有量

企业为了各种经营业务的需要，必须保持一定数量的现金，但持有现金又面临各项成本，当企业持有过少的现金时，企业可能就会面临着现金短缺的困难，阻碍企业的发展；当企业持有过多的现金时，则会进一步导致企业盈利水平的降低。在现金余额问题上，存在收益与风险的权衡问题，必须确定最佳的现金持有量。

4. 现金的日常管理

（1）现金回收管理。企业在日常的生产经营活动中，应及时回收应收账款，使企业支付能力增强。为了加速现金的回收，就必须尽可能缩短应收账款的平均收现期。企业在制定销售政策和赊销政策时，要权衡增加应收账款投资和延长收账期乃至发生坏账的利弊，采取合理的现金折扣政策；采用适当的信用标准、信用条件、信用额度，建立销售回款责任制，制定合理的信用政策；同时加速收款与票据交换，尽量避免由于票据传递而延误收取货款的时间。

（2）现金支出管理。现金管理的其中一个方面是决定如何使用现金。企业应根据风险与收益权衡原则选用适当方法延期支付账款。现金支出管理的主要任务是尽可能延缓现金的支出时间。延缓支付账款的方法一般有以下几种。

第一，使用汇票付款。在使用支票付款时，只要受票人将支票存入银行，付款人就要无条件地付款。但汇票不一定是"见票即付"的付款方式，在受票人将汇票送达银行后，银行要将汇票送交付款人承兑，并由付款人将一笔相当于汇票金额的资金存入银行，银行才会付款给受票人，这样就有可能合法地延期付款。

第二，推迟应付款的支付。企业在不影响自身信誉的前提下，应尽可能推迟应付款的支付期限。这样可以最大限度地使用债权人的资金进行经营。在享受现金折扣优惠政策时，可在折扣期的最后一天付款，如果急需现金而放弃折扣优惠，可选择在信用期限的最后一天付款。此外，企业还可选择商业汇票等结算方式来推迟款项的支付。

第三，合理使用现金"浮游量"。现金的浮游量是指，由于未达账项，企业银行日记账账户上现金余额与银行账户上所示的存款余额之间的差额。有时，企业账户上的现金余额已为零或负数，而银行账上的该企业的现金余额还有很多。这是因为有些企业已经开出的付款票据尚处在传递中，银行尚未付款出账。如果能正确预测浮游量并加以利用，可节约大量现金。使用现金浮游量，会使得企业向银行开出从存款账户中提取款项的总金额超过了其存款账户上结存的金额。准确地估计出现金浮游量，就可减少银行存款的余额，将腾出的资金进行其他收益或更加可观的投资项目。但是，企业使用现金浮游量，一定要准确估计其数额及控制使用时间，否则会产生银行存款透支的情况。

（三）应收账款管理

应收账款，是指企业因对外销售产品、材料，提供劳务及其他原因，应向购货单位或接受劳务单位收取的款项，包括应收销售款、其他应收款、应收票据等。随着商业竞争的日益激烈，企业出于扩大销售的竞争需要，不得不以赊销方式招揽客户，这就产生了应收账款。赊销方式产生的应收账款实际上是一种商业信用。因此，企业的应收账款管理，本质上属于商业信用管理。

（四）存货管理

存货，是指企业在生产经营活动中为销售或者耗用而储备的物资，包括各类材料、燃料、低值易耗品、在产品、半成品、产成品、商品以及包装物等。存货是企业进行生产经营活动的基础，存货管理水平直接影响着企业生产经营活动能否顺利进行，并最终影响企业的收益。所以，存货管理也是财务管理的一项重要内容。

1．存货成本

企业为保证生产或销售的正常经营，总是需要储存一定的存货，并因此占用或多或少的资金。也就是说，企业持有一定数量的存货，必须会有一定的成本支出。总体来说，企业持有存货主要会产生订货成本、购置成本、储存成本、缺货成本等。

2．存货管理决策

企业进行存货管理，往往会涉及四项决策，即决定进货项目、选择供应单位、决定进货时间和决定进货批量。其中，前两项决策一般由企业销售部、采购部和生产部门共同负责，而后两项决策则需要企业财务部参与。通过确定合理的进货批量和进货时间，可使企业存货的总成本降到最低水平。

目前大多数企业采用经济订货批量模型（Economic Order Quantity，EOQ）来确定经济订货量，进而找出最适宜的进货时间。经济批量，是指使订货成本和储存成本总和最低的存货采购批量。根据经济订货批量模型，企业按照经济订货批量来订货时，可实现订货成本和储存成本之和最小化。存货相关成本指标的计算公式如下：

$$经济订货批量 = \sqrt{\frac{2 \times 存货年需要量 \times 每次订货成本}{单位储存成本}}$$

$$每年最佳订货次数 = \sqrt{\frac{存货年需要量 \times 单位储存成本}{2 \times 每次订货成本}}$$

$$每年最佳订货周期 = \frac{1}{每年最佳订货次数}$$

$$经济订货批量占用资金 = \frac{经济订货批量}{2} \times 存货单价$$

由于经济订货批量模型是建立在一系列假设基础上的，而实际中企业存货管理则是一个比较复杂的问题，并不能满足经济订货批量模型的所有假设。为使经济订货批量模型更接近于实际情况，在存货管理实践中，往往对该模型进行一些扩展，使其具有更高的实用性。

二、固定资产管理

（一）固定资产的概念和特点

固定资产是指同时具有下列特征的有形资产：为生产商品、提供劳务、出租或经营管理而持有；使用寿命超过一个会计年度。常见的固定资产有房屋、建筑、机械设备、运输工具等。从固定资产的定义看，固定资产具有以下三个特征：第一，持有的目的是生产商品、提供劳务、出租或经营管理。这意味着企业持有的固定资产是企业的劳动工具或者手段，而不是直接用于对外出售的商品。第二，使用寿命超过一个会计年度。第三，固定资产是有形资产。

企业应当根据固定资产的定义和特征，结合本企业的具体情况，制定适合本企业的固定资产目录、分类方法、每类或每项固定资产的预计使用年限和折旧方法，以作为进行固定资产核算的依据。

（二）固定资产的种类

按照经济用途可以将固定资产分为经营用固定资产和非经营用固定资产两大类：经营用固定资产，是指直接参加或直接服务于生产经营过程的各种固定资产，如用于企业生产经营的房屋、建筑物、机器设备、运输设备、工具器具等。非经营用固定资产，是指不直接服务于生产经营过程的各种固定资产，如用于职工住宅、公共福利设施、文化娱乐、卫生保健等方面的房屋、建筑物、设施和器具等。

按照使用情况可以将固定资产分为使用中固定资产、未使用固定资产、出租固定资产和不需用固定资产四大类：使用中固定资产，是指企业正在使用的经营性固定资产和非经营性固定资产。企业的房屋及建筑物无论是否实际使用，都应视为使用中固定资产。由于季节性生产经营或进行大修理等原因而暂时停止使用，以及存放在生产车间或经营场所备用、轮换使用的固定资产，都属于企业使用中的固定资产。未使用固定资产，是指已购建完成但尚未交付使用的新增固定资产，以及进行改建、扩建等暂时脱离生产经营过程的固定资产。出租固定资产，是指企业根据租赁合同的规定，以经营租赁方式出租其他企业临时使用的固定资产。不需用固定资产，是指本企业多余或不适用、待处置的固定资产。

除上述基本分类外，固定资产还可按其他标准进行分类，如按固定资产的所有权分类，可分为自有固定资产和租入固定资产；按固定资产的性能分类，可分为房屋和建筑物、动力设备、传导设备、工作机器及设备、工具、仪器及生产经营用具、运输设备、管理用具等；按固定资产的来源渠道分类，可分为外购的固定资产、自行建造的固定资产、投资者投入的固定资产、融资租入的固定资产、改建扩建新增的固定资产、接受抵债取得的固定资产、非货币性资产交换换入的固定资产、接受捐赠的固定资产及盘盈的固定资产等。

（三）固定资产的成本计量

企业取得固定资产时，会发生一定的成本支出。固定资产的来源不同，其成本计量也有所不同。

第一，外购的固定资产。购买价款、进口关税和其他税费，以及使固定资产达到预定可使用状态前发生的可归属于该项资产的场地整理费、运输费、装卸费、安装费和专业人员服务费等。

第二，自行建造的固定资产。建造该项固定资产达到预定可使用状态前发生的必要支出，包括工程用物资成本、人工成本、相关税费、应予资本化的借款费用，以及应分摊的间接费用等。

第三，投资者投入的固定资产。按照投资合同或协议约定的价值加上应支付的相关税费。

在对企业资产的成本进行计量时，还应注意与固定资产有关的后续支出问题。固定资产的更新改造等后续支出，满足固定资产确认条件的，应当计入固定资产成本，如有被替换的部分，应扣除其账面价值。固定资产的修理费用等后续支出，不满足固定资产确认条件的，应当在发生时计入当期损益，有确凿证据表明符合固定资产确认条件的部分，则可以计入固定资产成本。

（四）固定资产的折旧管理

固定资产折旧，是指固定资产由于磨损和损耗而逐渐转移的价值，是在固定资产使用寿命内按照一定的方法对应计折旧额进行的系统分摊。所谓应计折旧额，是指应当计提折旧的固定资产原价扣除其预计净残值后的金额。

1. 固定资产折旧的影响因素

原值。固定资产原值，即固定资产的账面成本。

净残值。固定资产的净残值，是指假定固定资产预计使用寿命已满并处于使用寿命终了时的预期状态，企业目前从该项资产处置中获得的扣除预计处置费用以后的金额。由于在计算折旧时，对固定资产的残余价值和清理费用是人为估计的，所以净残值的确定有一定的主观性。

减值准备。固定资产减值准备，是指固定资产已计提的固定资产减值准备累计金额。

使用寿命。固定资产的使用寿命，是指企业使用固定资产的预计期间，或者该固定资产所能生产产品或提供劳务的数量。固定资产使用寿命的长短直接影响各期应计提的折旧额。

2. 固定资产折旧计算方法

（1）平均年限法。平均年限法是固定资产在预计使用年限内，根据其原始价值和预计净残值平均分摊固定资产折旧总额的一种方法。采用这种方法计算的固定资产折旧额在各个使用年（月）份都是相等的，累计的折旧额在平面直角坐标系上表现为一条直线，因此这种方法也称为直线法。这种方法计算简单，被大部分旅游企业广泛采用。计算公式如下：

$$固定资产年折旧额 = \frac{固定资产原值 \times (预计残值 - 预计清理费用)}{预计使用年限}$$

$$或：固定资产年折旧额 = \frac{固定资产原值 \times (1 - 预计净残值率)}{预计使用年限}$$

$$固定资产年折旧率 = \frac{固定资产年折旧额}{固定资产原值} \times 100\%$$

$$或：固定资产年折旧率 = \frac{1 - 预计净残值率}{预计使用年限} \times 100\%$$

$$固定资产月折旧率 = \frac{固定资产年折旧率}{12}$$

$$固定资产月折旧额 = 固定资产原值 \times 固定资产月折旧率$$

（2）工作量法。工作量法就是按照固定资产在使用期间预计的工作量平均分摊固定资产折旧总额的方法。这种方法是根据企业经营活动或设备的运营情况，来计提折旧。

（3）双倍余额递减法。双倍余额递减法是在不考虑固定资产残值的情况下，以平均年限法折旧率的双倍为折旧率，再乘以固定资产在每一会计期间账面净值，计算每期固定资产折旧额的一种方法。计算公式如下：

$$年折旧率 = \frac{2}{预计使用年限} \times 100\%$$

$$年折旧额 = 年初账面净值 \times 年折旧率$$

$$月折旧额 = \frac{年折旧额}{12}$$

采用双倍余额递减法时需要注意，由于这种方法最终不能将应计折旧额分配尽，因此会计制度特作规定：在固定资产预计使用年限到期以前两年内，要将固定资产净值平均摊销完。也就是说这种方法不能单独使用，需同平均年限法结合使用。

（4）年数总和法。年数总和法是根据固定资产在预计使用年限内的折旧总额，乘以每期递减的折旧率，计算每期固定资产折旧额的方法。采用这种方法由于折旧率是一个变量，因此年数总和法又称为变率递减法。计算公式如下：

$$年折旧率 = \frac{折旧年限 - 已使用年限}{折旧年限(折旧年限 + 1) \div 2}$$

$$年折旧额 = (固定资产原值 - 预计净残值) \times 年折旧率$$

$$年折旧率 = \frac{年折旧额}{12}$$

（五）固定资产的日常管理

1. 完善制度管理

建立健全固定资产管理责任制度，实行归口分级管理。企业固定资产的管理必须在总经理或财务总监的统一领导下，实行归口分级管理。将企业全部固定资产归口列入有关部门，同时根据"谁用谁管"的原则，将固定资产管理的权限和责任下放到各使用部门并落实到班组和个人，做到层层落实，控制责任的一种管理方法。

归口管理部门应配备专职或兼职的管理人员负责归口管理工作。归口管理部门的各项固定资产应有记载其详细资料的卡片。并要将固定资产进行编号，贴在每项固定资产上，以便于核对检查，做到账实相符。同时要将每项固定资产的管理落实到每个班组、每个人，做到固定资产的管理人人有责。归口管理部门设立的固定资产卡片定期要与财务部门的固定资产明细账进行核对，保证账卡相符。另外归口管理部门作为固定资产管理的基层单位要对固定资产负有管、用、养、修的职责。而且要将班组和个人对固定资产的管理进行经常性岗位考核，以保证固定资产的充分利用。

2. 合理配置企业资源

根据企业业务经营情况，合理进行固定资产配置。企业在购建和建造固定资产时，必须进行充分的可行性分析和论证，看其是否符合企业业务经营需要，一旦购入能否给企业带来良好的回报。然后按规定报经有关部门批准后方可执行，而且要办理好相关手续。在交付使用时必须由财务部、归口管理部门、使用部门共同验收，以确保所购固定资产符合本企业的需要。企业调出固定资产，必须经总经理或财务总监批准，并按企业规定程序由归口部门填制"固定资产调拨单"，财务部门和使用部门都要签章。如果未按规定私自调出固定资产，则要追究当事人的责任。固定资产出租、出借的有关事宜须报经总经理或财务总监批准，要严格出租、出借的有关手续，并建立相关档案，以确保固定资产的完整无缺。固定资产的报废和毁损，要及时办理相关手续，同时要报经上级有关主管部门批准后，方可进行有关清理工作。

3. 提高企业资产利用效率

搞好固定资产的维修保养，提高固定资产的完好率和利用率。为了保证企业业务经营活动的顺利开展，使固定资产处于良好的运转状态，固定资产的使用保管部门要负责固定资产的维修保养工作，到一定时期还要进行固定资产的大修和全面检查，以防止意外事故发生，给企业造成不良影响及带来不必要的损失。财会部门还要对固定资产的使用情况进行定期和不定期的检查，分析固定资产的利用情况和完好程度，对于闲置未用的固定资产要及时采取措施，提出处理意见和办法。对于设备需要更新的，要及时报送有关部门批准进行更新。要监督使用和保管部门经常进行设备的日常维修和保养，以使固定资产处于完好状态，提高固定资产利用率。

4. 建立定期盘点清查制度

由于企业固定资产种类繁多，占用资金数额较大，分布在企业的各个部门，因此为了保证账实相符，了解企业现有固定资产的实有状况，企业每年应定期对固定资产进行清查盘点。要在总经理的领导下，由财务部、工程部、固定资产使用保管部门的相关人员参加，组成盘点清查小组，以便及时发现问题，解决问题。通常可采用"账账核对""账实核对"的办法。对于盘盈、盘亏的固定资产要填制"固定资产盘盈盘亏报告单"，并按有关规定报请处理。

三、无形资产管理

（一）无形资产的特征

1. 无形资产不具有实物形态

无形资产通常表现为某种权利、某项技术或是某种获取超额利润的综合能力，它们不具有实物形态，如土地使用权、非专利技术等。固定资产是通过实物价值的磨损和转移来为企业带来未来经济利益，而无形资产很大程度上是通过自身所具有的技术等优势为企业带来未来经济利益。某些无形资产的存在有赖于实物载体。

2. 无形资产具有可辨认性

要作为无形资产进行核算，该资产必须是能够区别于其他资产可单独辨认的。满足下列条件之一的，应当认定为其具有可辨认性：能够从企业中分离或者划分出来，并能单独或者与相关合同、资产或负债一起，用于出售、转移、授予许可、租赁或交换；源自合同性权利或其他法定权利，无论这些权利是否可以从企业或其他权利和义务中转移或者分离。

3. 无形资产属于非货币性资产

无形资产属于非货币性资产且能够在多个会计期间为企业带来经济利益。无形资产的使用年限在 1 年以上，其价值将在各个受益期间逐渐摊销。

（二）无形资产的内容与分类

1. 无形资产的内容

无形资产主要包括专利权、非专利技术、商标权、著作权、土地使用权、特许权等。因为商誉的存在无法与企业自身分离，不具有可辨认性，所以，它不属于无形资产的范畴。

2. 无形资产的分类

无形资产按取得来源不同分类，可分为外购的无形资产、自行开发的无形资产、投资者投入的无形资产、企业合并取得的无形资产、债务重组取得的无形资产、以非货币性资产交换取得的无形资产，以及政府补助取得的无形资产等。

无形资产按其使用寿命是否有期限，可分为有期限无形资产和无期限无形资产。无形资产的使用寿命是否有期限，应在企业取得无形资产时就加以分析和判断，其中需要考虑的因素是很多的。

（三）无形资产的确认

1. 无形资产的初始确认

无形资产的初始确认指的是，企业对通过不同来源取得的无形资产加以认定的过程。企业想要确认无形资产，必须满足以下三个条件：其一，符合无形资产的定义；其二，与该资产相关的预计未来经济利益很可能流入企业；其三，该资产的成本能够可靠计量。其中，符合无形资产的定义是确认无形资产的最基本依据，而后面两点则是企业所有的资产的确认都必须同时满足的条件，当然无形资产也包含在内。

企业在判断无形资产产生的经济利益是否可能流入企业时，应当对无形资产在预计使用年限内可能存在的各种经济因素作出合理估计，并且应当有明确的证据支持。例如，专利权、非专利技术等应当有国家专利管理机构颁发的鉴定证书，商标权、著作权、土地使用权应有相关机构或部门的证明文件等。同时，也应注意政府宏观经济政策的变化，所生产产品等的市场供求趋势的变化，以及产品生产所依赖的自然资源保有量的变化等。

2. 无形资产的后续确认

无形资产的后续确认指的是，对无形资产在使用过程中的变化情况所进行的确认，其包括无形资产价值的摊销、无形资产减值准备的计提和无形资产的处置等。企业在对无形资产进行处置时，如果是将无形资产出售、对外出租、对外捐赠，或者原来确认的无形资产无法为企业带来未来经济利益时，就应予以转销并终止确认。

（四）无形资产的计量

1. 无形资产的初始计量

无形资产的初始计量指的是，企业对其所取得的无形资产的成本确定。无形资产通常是按实际成本计量，即以取得无形资产并使之达到预定用途而发生的全部支出作为无形资产的成本。企业从不同来源取得的无形资产，其成本构成也不尽相同。

（1）外购无形资产的成本。该项无形资产主要包括购买价款、进口关税和其他税费以及直接归属于使该项资产达到预定用途所发生的其他支出。其中，直接归属于使该项资产达到预定用途所发生的其他支出包括使无形资产达到预定用途所发生的专业服务费用、测试无形资产是否能够正常发挥作用的费用等。但不包括为引入新产品进行宣传发生的广告费、管理费用及其他间接费用，也不包括在无形资产已经达到预定用途以后发生的费用。无形资产达到预定用途后所发生的支出，不构成无形资产的成本，一般应于发生时计入当期损益。

（2）自行开发无形资产的成本。该项无形资产主要包括可直接归属于该资产的创造、生产并使该资产能够以管理层预定的方式运作的所有必要支出。可直接归属于该资产的成本主要包括，开发该无形资产时耗费的材料、劳务成本、注册费、在开发该无形资产过程中使用的其他专利权和特许权的摊销、按照有关规定资本化的利息支出，以及为使该无形资产达到预定用途前所发生的其他费用。在开发无形资产过程中发生的除上述可直接归属于无形资产开发活动的其他销售费用、管理费用等间接费用、无形资产达到预定用途前发生的可辨认的无效和初始运作损失、为运行该无形资产发生的培训支出等不构成无形资产的开发成本。应当注意的是，内部开发无形资产的成本仅包括在满足资本化条件的时点至无形资产达到预定用途前发生的支出总和，对于同一项无形资产在开发过程中达到资本化之前已经费用化计入损益的支出不再进行调整。

2. 无形资产的后续计量

（1）无形资产的摊销。虽然无形资产是企业的长期资产，能为企业在较长时期内带来效益，但通常无形资产也有一定的有效期限，因而企业应将入账的无形资产在一定期限内摊销。摊销的无形资产价值，一般应当计入当期损益，并同时计入"累计摊销"账户的贷方。摊销后，无形资产的账面价值反映的是无形资产的摊余成本。使用寿命有限的无形资产才需要在估计使用寿命内采用系统合理的方法进行摊销，对于使用寿命不确定的无形资产则不需要摊销。

（2）无形资产的减值。企业应当定期或者至少在每年年度终了检查各项无形资产预计给企业带来未来经济利益的能力，对预计可收回金额低于其账面价值的，应当计提减值准备。对于使用寿命不确定的无形资产，在持有期间内不需要摊销，但应当在每个会计期间进行减值测试。

对于无形资产的账面价值超过其可收回金额的，企业应按超过部分确认无形资产减值准备。企业应专门设置"无形资产减值准备"账户进行相应的账务处理，借方登记无形资产减值准备转销，贷方登记无形资产减值准备计提，余额在贷方，反映企业已计提但尚未转销的无形资产减值准备。资产负债表日，无形资产发生减值的，按应减记的金额，借记"资产减值损失"科目，贷记本科目。处置无形资产还应同时结转减值准备。

第二节　负债管理

一、负债概述

（一）负债的内涵

负债，是指企业承担的能够以货币计量、需要以资产或者劳务偿付的债务。如企业借入的资金以及应付未付款项等。

形成负债的主要经济业务有如下几种：一是企业经营活动产生的负债；二是直接向社会发行债券形成的负债；三是向银行借款产生的负债。

负债除了到期要偿还本金以外，还要支付资金使用成本——利息。由于不同的负债用途不同，导致利息的会计处理也不一样。一般经营活动形成的流动负债支付的利息直接计入财务费用。而非流动负债专门用于长期资产建设或建设期在一年以上的存货（如房地产开发商兴建的商品房）的利息支出，则分别计入长期资产成本和存货成本。

负债对现金流量的影响来看，负债的增加表现为筹资活动现金流量的流入，而负债的减少则表现为筹资活动现金流量的流出。然而，负债的增加和减少有时并不带来现金流量的变动，如购买存货和长期资产不会带来现金流量的增加；而负债的减少，除以现金形式偿还外，还能以提供劳务、非现金资产的形式抵债。另外，企业还可用新的债务代替旧的债务或将债务转换为股本，这几种债务减少都不会影响筹资活动现金流量的变动。但要注意的是，企业经营活动中产生的负债，属于经营活动而不属于筹资活动。

（二）负债的分类

1. 流动负债

流动负债是指将在1年或者长于1年的一个营业周期内偿付的债务，包括短期借款、应付票据、应付账款、预收账款、应付职工薪酬、应交税费、其他应付款等。

短期借款是指企业借入的还款期限在1年或超过1年的一个营业周期内的各种借款。如工业生产周转借款、临时借款等。

应付票据是指企业在生产经营过程中对外发生债务时所承兑的汇票，包括银行承兑汇票和商业承兑汇票。

应付账款是指企业生产经营过程中因购买材料、商品和接受劳务供应等发生的一项流动负债。

预收账款是指企业按照合同规定向购货单位预收的购货款和定金。

应付职工薪酬是指企业应付职工的工资总额以及包括在工资总额内的各种工资性奖金和津贴等。

应交税费是指企业应交纳的各种税金，包括增值税、营业税、消费税和所得税等。

其他应付款是指与企业主营业务无直接关联的应付、暂收其他单位或个人的款项。

2. 非流动负债

非流动负债是指偿还期在1年或者超过1年的一个营业周期以上的各种债务，包括长期借款、应付债券、长期应付款等。非流动负债是企业向债权人筹集的可供长期使用的一种资本来源。同流动负债相比，非流动负债的特点是数额较大、偿还期限较长。

长期借款是指企业向银行等金融机构或其他单位借入的，归还期限在1年以上的各种借款。长期借款一般用于固定资产购建、固定资产改扩建工程及固定资产大修理工程以及流动资产的正常需要等方面。

应付债券是指企业为筹集长期使用的资金对外发行的一种还款期在1年以上的书面凭证。

长期应付款是指企业除长期借款、应付债券以外的其他一切长期负债。如用补偿贸易引进的国外设备、应付的引进设备款和融资租入固定资产的应付租赁款等。

此外，负债还可按其偿还形式分为货币性负债和非货币性负债。货币性负债是指企业在将来直接用货币偿付的负债，如应付账款、应付票据、应付公司债券等。非货币性负债是指企业在将来须以实物及其他非货币性资产偿付的负债，如预收货款、售出产品质量担保等。这一分类方法在通货膨胀和外币报表折算的情况下特别适用。

二、流动负债管理

（一）流动负债的特征

流动负债是指将在 1 年或者长于 1 年的一个营业周期内偿付的债务。流动负债除具有负债的一般特征外，还具有以下特点。

第一，偿还期限较短。流动负债是一种短期债务，需要在较短的时间内偿付完毕，通常在债权人提出要求时即期偿付，也可能在 1 年或超过 1 年的一个营业周期内履行偿还义务。

第二，需以流动资产或举借新的流动负债偿还债务。流动负债的偿还手段通常是企业所拥有的流动资产或提供的某种劳务，如以银行存款支付应付账款，以生产的产品抵偿预收账款或提供修理服务抵付预计的产品质量保证债务等；也可以通过举借新的流动负债替换原有流动负债，如以应付账款替换到期未兑付的应付票据等。

企业承担的负债只要同时具有上述特点，在会计上即应作为流动负债，否则，应作为非流动负债。如以企业发行长期债券的方式清偿 1 年内到期的长期债务，虽然从时间上看应划为流动负债，但它的偿付方式不符合流动负债的特点，不能将其作为流动负债反映，仍应作为非流动负债列示。

（二）流动负债的确认和计量

为了保证会计信息的质量，需要对负债进行正确的确认和计价，以客观、公正地反映企业所承担的债务，从而为会计报表使用者预测企业未来现金流量和财务风险等提供有用的会计信息。

1. 流动负债的确认

一般来说，流动负债主要包括短期银行借款和购买商品应付的账款、应付职工的工资等，以及非流动负债中将在一年内到期的部分。企业确认一项流动负债，并在资产负债表上反映其未来应付金额，通常就是在这些负债相关的业务或经营活动发生时，与相关项目一同确认。但对于有些流动负债来说，其未来发生与否具有不确定性，即将来有可能需要偿还，有可能不会发生（不需要偿还）。例如，商业汇票贴现业务，如果将来债务人按照约定的条件和日期正常偿付债务，则贴现人就不需要承担这笔债务；如果将来债务人没有按照约定的条件和日期正常偿付债务，则贴现人就需要承担这笔债务，即商业汇票贴现业务是属于流动负债性质的或有负债。

由于可能导致损失的或有事项可能发生，也可能不发生。因此，对或有流动负债一般不确认为一项负债。但对很有可能发生并且金额比较确定或能够合理估计的或有负债，应当预计并确认为一项负债（即对满足一定条件的或有负债要作为预计负债处理）。例如，对于产品保修业务可能产生的损失，在金额确定或可估计的情况下，可将预计的损失确认为一项流动负债。

2. 流动负债的计量

由于负债是企业已经存在的、需要在未来偿付的经济义务，理论上讲，为了提高会计信息的有用性和相关性，对所有负债的计量都应当考虑货币的时间价值，即不论其偿付期长短，均应在其发生时按未来偿付金额的现值入账。但在会计实务中，考虑到流动负债偿还期短，到期值与其现值相差很小，故对已经确定的流动负债，一般均按确定的未来需要偿付的金额（或面值）来计量，并列示于资产负债表上。这种做法虽然高估了负债，但一是体现了谨慎原则；二是核算简单，符合成本与效益原则；三是符合重要性原则。

流动负债可用现金偿付，如以现金支付购货款；也可用非货币资产偿付，如预收账款在未来不是以支付现金而是以提供一定数量和质量的非货币资产或提供劳务清偿；或以再负债形式偿付，如借新债还旧债等。

（三）常见流动负债的核算

为了便于控制与核算，在实际工作中，大多将流动负债按照债权人的不同进行分类管理，即大致可以分为对贷款人、对供应商、对客户、对职工、对税务部门、对所有者的负债。这里简要分析一下对贷款人和对税务部门的负债。

1. 对贷款人的负债

企业流动负债中对贷款人的负债主要有短期借款和应付利息。

短期借款是指企业向银行或其他金融机构借入的期限在一年以下的各种借款。这部分借款一般是企业为维持正常生产经营所需资金而借入的或为抵偿某项债务而借入的款项。短期借款的债权人一般称该款项为"流动资金借款"。

企业借入的短期借款，无论用于哪个方面，只要借入这项资金，就构成一项负债。归还借款时，除了归还借入的本金外，还应支付相应的利息。

为了核算短期借款业务，企业应当设置"短期借款"账户。该账户属于负债类账户，专门用来核算企业借入期限在一年或一个经营周期以下的各种借款。该账户贷方登记借入的各种短期借款额，借方登记归还的借款额，期末余额在贷方，表示尚未归还的短期借款。

应付利息是指企业按照合同约定应支付的利息，包括短期借款利息和分期付息到期还本的长期借款利息等。

短期借款利息属于企业的筹资成本，应该计入"财务费用"账户，最终转入当期损益。在实际工作中，如果短期借款的利息是按季、按半年支付，或者利息是在借款到期时连同本金一起归还且数额较大，为了正确计算各期的盈亏，通常采用预先提取的办法进行会计处理，即设置"应付利息"账户，通过这个账户记录企业已经发生但是尚未支付的利息费用。在预提各期的借款利息时，借记"财务费用"账户，贷记"应付利息"账户；实际支付时，按已经预提的利息金额借记"应付利息"账户，按实际支付的利息金额贷记"银行存款"账户，按实际支付的利息金额与预提数的差额（尚未提取的部分）借记"财务费用"账户。

2. 对税务部门的负债

企业应按照法律规定向国家缴纳各种税费。在企业发生纳税义务时，应该按照权责发生制要求，将有关税费计入费用。这些税费在尚未缴纳之前暂时留在企业，就等同于借用了政府一笔无息资金，从而形成企业对税收征管部门的负债。

企业应依法缴纳的各种税费主要包括：增值税、消费税、营业税、资源税、土地增值税、城市维护建设税、教育费附加、房产税、土地使用税、所得税等。为了反映各种税费的计算和缴纳情况，企业应设置"应交税费"账户，并在该账户下设置有关明细账户进行核算。该账户的贷方登记应缴纳的各种税费，借方登记已缴纳或应抵扣的各种税费，期末贷方余额为欠缴税费。但应指出，并不是所有的税费都通过"应交税费"账户核算，例如印花税的确认和缴纳发生在同一时点，其缴纳的同时计入费用，核算中也就没必要再运用"应交税费"账户。下面介绍几种主要流转税费的计算及会计处理。

（1）应交增值税。

增值税是就货物或应税劳务的增值部分进行征税的一种流转税。按照《中华人民共和国增值税暂行条例》规定："在中华人民共和国境内销售货物或者提供加工、修理修配劳务以及进口货物的单位和个人，为增值税的纳税义务人（以下简称纳税人），应当依照本条例缴纳增值税。"增值税的纳税人可分为一般纳税企业和小规模纳税企业两类。这两类企业在增值税的计算与交税、会计账户的设置以及会计处理等方面都有较大的差异。

一般纳税企业应纳增值税的基本计税方法是：以企业当期销项税额抵扣当期进项税额后的余额，即为企业当期应纳的增值税。销项税额是指企业因销售货物或提供应税劳务，向购买方或接受劳务方收取的增值税；进项税额是指企业因购买货物或接受应税劳务，而向销售方或提供劳务方支付的增值税。一般纳税企业应纳的增值税，在"应交税费"账户下设置"应交增值税"明细账户进行核算，并应分别设置"进项税额""已交税金""销项税额""出口退税""进项税额转出"等专栏。

小规模纳税企业的增值税采用简化征收办法，当期的销售额（不含增值税）乘以征收率即为当期的应纳税额。小规模纳税企业购入货物无论是否取得增值税专用发票，其支付的增值税额均应计入购入货物的成本。相应地，其他企业从小规模纳税企业购入货物或接受劳务支付的增值税额，如果不能取得增值税专用发票，也不能作为进项税额抵扣，而应计入购买货物或应税劳务的成本。

小规模纳税企业只需在"应交税费"账户下设置"应交增值税"明细账户，不需要在"应交增值税"明细账户中设置专栏。"应交税费——应交增值税"账户贷方登记应缴纳的增值税，借方登记已缴纳的增值税，期末贷方余额为尚未缴纳的增值税。

（2）应交消费税。

消费税是对在我国境内从事生产、委托加工和进口应税消费品的单位和个人征收的一种税。它是在生产和进口环节征收，进入流通领域不再缴纳的税收（金银首饰除外）。因此，消费税一般是由生产及进口企业交纳。

消费税是在普遍征收增值税的基础上，对过度消费对人类健康、社会秩序、生态环境等造成伤害的特殊消费品烟、酒、化妆品、汽油等14个税目加征消费税，主要是为了调节消费结构，引导正确的消费方向，保证国家财政收入。

消费税按不同应税消费品分别采用从价定率、从量定额计算。

从价定率，是指按应税消费品销售额的一定比例计算征收消费税。其计算公式为：

$$应纳税额 = 销售额 \times 适用税率$$

其中，"销售额"是纳税人销售应税消费品向购买方收取的全部价款和价外费用，但不包括从购买方收取的增值税款。

从量定额，是指按应税消费品的销售数量和单位销售量的应纳消费税额计算征收消费税。其计算公式为：

$$应纳税额 = 销售数量 \times 单位税额$$

企业按规定应交的消费税，应在"应交税费"账户下设置"应交消费税"明细账户进行核算。"应交消费税"明细账户的借方发生额，反映企业实际交纳的消费税和代扣的消费税；贷方发生额，反映按规定应交纳的消费税。期末贷方余额反映尚未交纳的消费税；期末借方余额反映多交或代扣的消费税。

企业将生产的需要交纳消费税的消费品直接对外出售的，按规定计算的消费税，借记"营业税金及附加"账户，贷记"应交税费——应交消费税"账户。实际交纳消费税时，借记"应交税费——应交消费税"账户，贷记"银行存款"账户。发生销货退回及退税时，用红字做相同的会计分录予以冲减。

（3）应交营业税。

营业税是指对应税劳务、转让无形资产或者销售不动产的营业额征收的一种流转税。按照营业税暂行条例规定，凡在我国境内提供交通运输、建筑、金融保险、邮电通信、文化体育、娱乐、服务等劳务以及转让无形资产或者销售不动产的单位和个人，均为营业税的纳税义务人。

企业提供交通运输、建筑等应税劳务，按规定计算出应纳的营业税时，借记"营业税金及附加"等账户，贷记"应交税费——应交营业税"账户；交纳营业税时，借记"应交税费——应交营业税"账户，贷记"银行存款"账户。

企业处置无形资产，应按实际取得的转让收入借记"银行存款"账户，按该项无形资产已计提的减值准备借记"无形资产减值准备"账户，按无形资产已摊销额借记"累计摊销"账户，按无形资产的账面余额（成本）贷记"无形资产"账户，按应支付的营业税及相关税费贷记"应交税费——应交营业税"等账户，按其差额贷记"营业外收入"账户或者借记"营业外支出"账户。

企业销售不动产，按应支付的营业税及相关税费，借记"固定资产清理"账户，贷记"应交税费——应交营业税"等账户。

三、非流动负债管理

非流动负债是指流动负债以外的负债。主要包括长期借款、应付债券、长期应付款、专项应付款等。与流动负债相比，非流动负债具有以下特点。一是债务偿还的期限较长，一般在一年或者超过一年的一个营业周期以上；二是债务的金额通常较大，企业的长期负债主要因企业长期性的投资活动而产生，例如为扩大生产经营规模购置机器设备、购建厂房、购入土地使用权等，这些活动所需资金的数额都比较大；三是债务可以采用分期偿还（分期偿还本金或利息）或者到期时一次偿还本息。

按具体内容，非流动负债可分为三类，长期借款、应付债券、长期应付款。

（一）长期借款

长期借款一般用于固定资产的购建、改扩建工程、大修理工程、对外投资以及为了保持长期经营能力等方面。长期借款的核算主要包括长期借款的取得、应计利息和归还本息等内容。"长期借款"科目按贷款单位设置明细账，按借款种类进行明细分类核算。

1. 取得长期借款

企业借入长期借款并将取得的款项存入银行时，应借记"银行存款"科目，贷记"长期借款"科目。如果已经将借款购置了固定资产或用于在建工程项目，则应借记"固定资产""在建工程"科目，贷记"长期借款"科目。

2. 长期借款利息

企业借入长期借款，应按实际收到的余额记入"长期借款——本金"科目，如借款本金与实际收到的金额存在差异，应记入"长期借款——利息调整"科目。

长期借款利息费用应当在资产负债表日按照实际利率法计算确定，实际利率与合同利率差异较小的，也可以采用合同利率计算确定利息费用。

长期借款计算确定的利息费用，应当按以下原则计入有关成本、费用：属于筹建期间的，计入管理费用；属于生产经营期间的，计入财务费用；如果长期借款用于购建固定资产的，在固定资产尚未达到预定可使用状态前，所发生的应当资本化的利息支出数，计入在建工程成本；固定资产达到预定可使用状态后发生的利息支出，以及按规定不予资本化的利息支出。计入财务费用；长期借款按合同利率计算确定的应付未付利息，计入"应付利息"科目。归还长期借款的本金和利息时，应按归还的金额，借记"长期借款"等科目，贷记"银行存款"科目。

（二）应付债券

应付债券是企业为筹集长期资金，依照法定程序发行的，约定在一定时期内还本付息的一种债务凭证。

企业债券是具有法律效力的有价证券，这种债券的票面通常应载明发行企业的名称、地址、债券面值、债券利率、还本期限和方式及利息的支付方式等。

债券面值，即债券上标明的金额，是债券到期时应偿还的本金额。债券利率，又称名义利率，是指债券应付利息的年利率；还本期指从发行债券的法定日期到清偿本息日期的时间。

1. 债券发行价格的确定

企业债券的发行价格与债券面值不是同一概念，两者有时一致，有时不一致。在市场经济环境下，任何一个理性的债权人都要对市场上各种借出资金的风险与收益进行权衡后才会作出最终决策。债券的市场售价，在很大程度上由其票面利率来决定。在其他条件不变的情况下，票面利率越高，债券的市价也就越高。如果确定了一个较低的票面利率，债权人一般不愿意认购，发行人只能按低于面值的价格发行。如果确定了一个较高的票面利率，就会吸引更多的债权人购买，在供不应求的情况下，发行人可将债券按高出面值的价格出售。这里的"较低"或"较高"的票面利率是相对于金融市场上其他投资机会的平均收益率而言的。其他投资机会的平均收益率，即为市场利率，是债权人进行决策时使用的重要参照指标。由此可见，企业债券的价格与票面利率和市场利率有直接的关系。从理论上讲，债券的实际发行价格是根据货币时间价值的理论，将债券到期应付面值和各期应付的利息，按市场利率折算的复利现值之和。其一般计算公式为：

债券面值的现值＝债券面值×到期偿还本金的复利现值系数

各期利息的现值＝每期债券利息额×分期付息年金现值系数

每期债券利息额＝票面价值×每一付息期的票面利率

债券的发行价格随市场利率的变动而呈反方向变动，即当市场利率低于债券票面利率时，债券发行价格高于其面值，发行价格高于债券面值的部分，称为债券溢价。如果市场利率高于债券票面利率时，债券发行价格低于其面值，发行价格低于债券面值的部分，称为债券折价。值得注意的是，债券一经发售，债券信托合同即告成立，其后无论市场利率如何波动，对发行的债券均不产生影响，也就不必调整会计记录。

2. 应付债券的核算

为了核算和监督公司债券的发行情况，企业应设置"应付债券"账户，该账户属于负债类账户，贷方登记发行债券的面值、债券溢价、应计利息和折价的摊销数；借方登记债券的折价、溢价的摊销数和按期偿还的本息数；期末余额在贷方，表示企业尚未偿还的本息数。该账户应设置"债券面值""债券溢价""债券折价""应计利息"等四个明细账户，进行明细分类核算。

企业在准备发行债券时，应将待发行债券的票面金额、债券票面利率、还本期限方式、发行总额、发行日期和编号、委托代售部门等内容在备查簿中进行登记。

无论是按面额发行，还是溢价或折价发行，均按债券面值计入"应付债券"账户的"债券面值"明细账户，实际收到的价款与面值的差额，计入"债券溢价"或"债券折价"明细账户。债券的溢价或折价，在债券的存续期间内进行摊销，摊销方法一般可采用直线法。债券上的应计利息，应按照权责发生制的原则按期预提，一般可按年预提。

（三）长期应付款

长期应付款是指企业除长期借款和应付债券以外的其他各种长期应付款项，主要包括采用补偿贸易方式引进国外设备价款，应付融资租入固定资产租赁费等。

为了核算和监督企业长期应付款的情况，应设置"长期应付款"账户。该账户属负债类账户。贷方登记长期应付款的发生数；借方登记长期应付款的偿还数；期末余额在贷方，表示尚未偿还的款项。该账户应按长期应付款的种类设置明细账进行明细核算。

补偿贸易是从国外引进设备，再用该设备生产的产品归还设备价款。国家为了鼓励企业开展补偿贸易，规定开展补偿贸易的企业，补偿期内免交引进设备所生产的产品的流转税。事实上，补偿贸易是以生产的产品归还设备价款。因此，一般情况下，设备的引进和偿还设备价款是没有现金的流入和流出。在会计核算时，一方面，引进设备的资产价值以及相应的负债，作为本企业的一项资产和一项负债，在资产负债表中分别包括在"固定资产"和"长期应付款"项目中；另一方面，用产品归还设备价款时，视同产品销售进行处理。

第三节　净资产管理

一、净资产概述

（一）净资产的含义

净资产是行政事业单位持有的资产净值，即单位资产减去负债后的余额。

$$净资产＝资产－负债$$

行政事业单位净资产包含的内容不尽相同。

行政单位的净资产是指行政单位资产减负债和收入减支出的差额，主要包括固定基金和结余；事业单位的净资产是指资产减去负债的差额，包括事业基金、非流动资产基金、专用基金、财政补助结转结余、非财政补助结转结余等。

净资产从实物形态衡量，是一种资产净值。从权益概念上衡量，它又是一种产权或投资人权益。它表明单位资产总额在抵偿了一切现存义务后的差额部分，显示了该组织的规模和经济实力。

行政事业单位的净资产，应当按照实际发生数额记账。

（二）净资产的类别

1. 按净资产的构成要素分类

（1）事业基金。事业基金是指事业单位拥有的非限定用途的净资产，其来源主要为非财政补助结余扣除结余分配后滚存的金额。

（2）非流动资产基金。非流动资产基金是指单位非流动资产占用的金额。

（3）专用基金。专用基金是指单位按规定提取或者设置的具有专门用途的净资产。

（4）财政补助结转结余。财政补助结转结余是指单位各项财政补助收入与其相关支出相抵后剩余滚存的，须按规定管理和使用的结转和结余资金。

（5）非财政补助结转结余。非财政补助结转结余是指单位除财政补助收支以外的各项收入与各项支出相抵后的余额。其中，非财政补助结转是指事业单位除财政补助收支以外的各专项资金收入与其相关支出相抵后剩余滚存的，须按规定用途使用的结转资金；非财政补助结余是指事业单位除财政补助收支以外的各非专项资金收入与各非专项资金支出相抵后的余额。

2. 按净资产的经济内容分类

（1）基金。基金是资产提供者实际投入行政事业单位的各种财产物资，体现为国家和其投资人对行政事业单位的资产所有权。基金类型有固定基金、事业基金、业务发展基金、专用基金、留本基金等。

（2）结余资金。结余资金是指当年预算工作目标已完成，或者因故终止，当年剩余的资金。结转资金，是指当年预算已执行但未完成，或者因故未执行，下一年度需要按照原用途继续使用的资金。结转资金在规定使用年限未使用或者未使用完的，视为结余资金。

3. 按净资产是否被指定专门用途分类

（1）限定性净资产。如果资产或者资产所产生的经济利益的使用受到资产提供者或者国家有关法律、行政法规所设置的时间限制或（和）用途限制，则由此形成的净资产就是限定性净资产，国家有关法律、行政法规对净资产的使用直接设置限制的，该受限制的净资产也是限定性净资产。

（2）非限定性资产。如果资源提供者对所提供的资产或者资产所产生的经济利益的使用、处置等未提出任何限制条件，国家有关法律法规也未对此设置任何限制，由此形成的净资产即为非限定性资产。

（三）净资产管理的要求

净资产的管理要求主要表现在以下三个方面。

第一，对限定用途的净资产，要严格按照国家财务制度的规定，及时足额地提取和用于规定用途的项目，严禁挪作他用和改变资金的性质。

第二，对非限定用途的净资产的使用，要正确处理国家、单位和职工三方面的利益，体现"三兼顾"原则。对结余的使用，一定要符合国家法律、法规的要求。

第三，要加强对行政事业单位净资产的核算工作，以准确反映和监督投资者投入资金的保值增值、积累分配情况，为正确评价单位的业绩，真实反映所有者对单位净资产的权益，提供真实可靠的财务信息。

二、事业基金管理

事业基金可由事业单位自主调配使用，包括一般基金和投资基金：一般基金是指非营利组织历年结余分配后形成的用于弥补以后年度收支差额的资金。投资基金是指非营利组织以固定资产、材料等实物以及货币资金和无形资产对外投资所占用的资金。

（一）事业基金的来源

第一，单位未分配收益。即事业单位事业收支结余和经营收支结余在进行结余分配后的转入，它是事业基金的最主要来源，事业基金的多少直接取决于事业单位专业业务及相关业务开展的好坏。因此事业单位要想获得更多的事业基金，必须努力开拓业务，降低业务支出。

第二，按规定留归单位的专项拨款结余。即有拨入专款的事业单位，其专项活动（或工程）结束后的净结余，经拨款单位同意后留归本单位的部分。这种来源所形成的事业基金，对于事业单位而言，首先要取决于有拨入专款的存在，其次专项拨款有结余，最后要经拨款上级单位同意，因此它对于事业单位事业基金的形成是相对偶然的。

第三，事业单位接受捐赠的货币资金、无形资产和材料等。它对于事业基金而言也是一种非经常性形成渠道。

第四，事业单位对外投资所形成的权益。新的事业单位财务制度对事业单位的业务进行了前瞻性的考虑和制度规定，体现在会计核算方面增设了诸如"对外投资"等科目。而事业基金的另一来源正与此有关，事业单位以材料、固定资产、无形资产等对外实施投资时，评估价高于或低于原账面价值的部分按规定应增加或减少事业基金。这部分所形成的事业基金（投资基金）是一种由投资而形成的潜在权益，而非现实的资金，对此，单位应区别于第一种性质的事业基金并加强对权益项目的管理，让其为单位带来更多现实的收益。

（二）事业基金的分类

1. 一般基金

一般基金即滚存结余资金，是指事业单位历年来的未分配结余和损失，以及由历年的专项资金结余转入而形成的净资产。

2. 投资基金

投资基金即投资产权，是指事业单位以固定资产、材料等实物投资而形成的产权，以及以货币资金和无形资产在对外投资所占用的资金。事业单位在历年滚存结余较大的情况下，为了充分发挥资金的利用效果，为单位开拓资金来源，事业单位可以用这部分历年滚存结余净资产进行对外投资。对外投资的发生，使事业基金在存在形态上发生变化，由一般基金转化为投资基金，但事业单位事业基金总额没有改变。

（三）事业基金的管理要求

1. 事业单位日常周转所用，即体现非限定用途的本色

事业单位在周转使用事业基金时，不得随意冲销事业基金，如动用事业基金购买材料时，其会计分录只能借记"材料"等科目、贷记"银行存款"等科目，而不能处理为借记"事业基金"科目；此外，应积极做好年度预算，尽可能做到收支平衡，防止随意动用事业基金，助长单位吃老本、不思进取的倾向。

2. 弥补事业超支

事业单位在年度经营中，如连续出现超支（亏损），经报上级单位批准同意，可核销部分事业基金，其会计处理表示为借记"事业基金——一般基金"科目、贷记"结余分配——弥补超支（亏损）"科目。对此，首先应总结超支原因，积极探索解困措施；其次，应严格遵守核销程序，不能擅作主张、随意核销。

3．投资转出固定资产、无形资产、材料等资产协议评估价高于或低于原值或净值的差额

该项为事业基金的增减项，对此应积极做好协议评估工作，努力使单位资产保值增值。防止人为操纵评估活动，损公肥私。

此外，应针对事业基金的一般基金和投资基金的不同性质和特点，分别制定相应的管理措施和方法。对于一般基金，应本着增收节支，提高资金使用效益的原则，制定出相应的管理办法；而对权益性的投资基金，则侧重投资分析，行使权益，争取让潜在的权益变为现实的收益，实现由投资基金向一般基金转化。

三、固定基金管理

（一）固定基金的含义

固定基金是指行政事业单位固定资产所占用的基金。固定基金通常按照固定资产账面余额的增减而发生相应的增减，两者金额通常相等。固定基金具有如下特点：第一，反映固定资产占用的基金，不是净值，而是入账价值；第二，固定基金是净资产的主要内容，基本反映净资产的规模；第三，固定基金与固定资产是互为对应的账户，二者在金额上相等。

（二）固定基金的来源

第一，单位新建固定资产而形成的固定基金。

第二，单位购入、调入固定资产而形成的固定基金。

第三，单位自制固定资产而形成的固定基金。

第四，融资租入固定资产而形成的固定基金。

第五，接受捐赠的固定资产而形成的固定基金。

第六，接受其他单位投资转入的固定资产而形成的固定基金。

第七，盘盈固定资产而形成的固定基金。

（三）固定基金的分类

1．按固定基金的形成来源分类

（1）基本建设投资形成的固定基金。行政事业单位用国家基本建设投资购建固定资产

而形成的固定基金。

（2）财政预算拨款形成的固定基金。财政预算拨款中用于行政事业单位购建固定资产形成的固定基金。

（3）修购基金形成的固定基金。事业单位用修购基金购建固定资产而形成的固定基金。

（4）借贷资金形成的固定基金。事业单位用借入资金购建固定资产而形成的固定基金。

（5）社会捐赠资金形成的固定基金。社会出资者向行政事业单位以资金或者实物形式无偿捐赠固定资产所形成的固定基金。

（6）其他资金形成的固定基金。除以上来源外的其他资金购建固定资产而形成的固定基金，如上级部门无偿调入的固定资产，单位对外投资以固定资产形式收回的投资回报而形成固定基金等。

2．按固定基金的所有权分类

（1）自有固定基金。自有固定基金是单位用自有资金、拨入专款等购置或建造归单位占有使用的固定资产而形成的固定基金。

（2）租入固定基金。单位按租赁合同规定，通过支付租金的形式取得一定时期使用权的固定资产而形成的固定基金。

3．按固定基金的实物分类

（1）房屋建筑物。办公用房、业务用房、生活用房及建筑设施等所占用的资金。

（2）专用设备。各种仪器和机械设备、医疗器材、交通运输工具、教育单位的教学设备等所占用的资金。

（3）一般设备。办公与事务用家具和设备、一般文体设备等所占用的资金。

（4）文物和陈列品。博物馆、展览馆、文化馆、陈列馆等文物和陈列品所占用的资金。

（5）图书。专业图书馆和事业单位图书馆的图书等所占用的资金。

（6）其他。未包括在以上各类的固定资产所占用的资金。

（四）固定基金的管理要求

加强固定基金管理，可以充分发挥固定资产的使用效益，有利于调整和盘活固定资产，防止固定资产的流失。

第一，单位购建固定资产应当按照计划、预算办理，严格履行必要的批准手续。

第二，单位以购建固定资产、盘盈、无偿调入等方式增加固定资产时，以及对外投资以固定资产形式收回时，不仅要及时实物登记，还要按照规定的计价原则和方法及时调增固定基金。

第三，单位以融资租赁方式租用的固定资产和以分期付款方式购置的固定资产，应当以实际支付和结算的租金以及分期付款的金额增加固定基金，未付租金和款项的，作为负债处理。

第四，单位在发生固定资产报废、报损、转让和盘亏，以及用固定资产对外投资等情况时，必须严格审批，按照有关规定及时调减固定基金。

四、专用基金管理

（一）专用基金概述

专用基金属于限定用途的净资产，主要包括修购基金、职工福利基金、医疗基金和其他基金。专用基金的用途明确、单一，要求单位专款专用，不得随意改变资金的用途或挪作他用。

1. 专用基金的特点

（1）专用基金的提取均有专门规定，即根据一定的比例或数额提取。

（2）规定有专门的用途和使用范围，除财务制度规定允许合并使用外，一般不得相互占用、挪用。

（3）使用属于一次性消耗，没有循环周转，不可能通过专用基金支出直接取得补偿。

2. 专用基金的管理原则

（1）先提后用。指各项专用基金必须根据规定的开源渠道，在取得资金以后才能安排使用。

（2）专设账户。指各项专用基金应单独设账户进行管理和核算。

（3）专款专用。指各种专用基金都要按规定用途和使用范围安排开支，支出不得超出资金规模，保证基金使用合理、合法。

3. 专用基金的管理要求

作为具有特定用途的资金，专用基金在管理与核算上必须遵循先收后支、量入为出的原则。专用基金支出实行计划管理，按照规定的用途和使用范围办理支出。各项基金未经上级主管部门批准不得挪作他用。年终结余可结转下年继续使用。

（二）修购基金的管理

修购基金，是指单位按照事业收入和经营收入的一定比例提取，在修缮费和设备购置费中列支，以及按照其他规定转入，用于固定资产维修和购置的资金。

1. 修购基金的提取

（1）按比例从支出或成本费用中提取。这种来源的计算办法，是按财政部或主管部门确定的比例标准，以事业收入和经营收入为基数，计算出提取数额后在事业支出和经营支出中列支后转入。

修购基金的一般计算公式如下：

$$修购基金提取额 = （事业收入×提取比例）+ （经营收入×提取比例）$$

（2）按国家规定的范围直接转入。目前国家有关政策规定，事业单位处置固定资产后，取得的小额收入应直接转入修购基金。今后如国家有其他规定时，按其规定执行。

（3）采用不同的提取方法。对专用、贵重设备可采用个别计提折旧的方法，对一般设备或其他固定资产可采用分类计提修购基金的方法。专用、贵重设备可采用加速折旧的方法，其他设备、房屋建筑物或交通工具等可采用平均年限法提取。

中央级事业单位修购基金的提取比例，由主管部门根据单位收入状况和核算管理的需要，按照事业收入和经营收入的一定比例核定，报财政部备案。事业收入和经营收入较少的事业单位可以不提取修购基金，实行固定资产折旧的事业单位不提取修购基金。国家另有规定的，从其规定。地方事业单位修购基金的提取比例，由省级财政部门参照本通知的有关规定，结合本地实际确定。

2. 修购基金的管理要求

（1）对修购基金实行计划管理。

（2）对修购基金实行项目管理。

（3）对修购基金要按比例定期提取。

（三）职工福利基金的管理

1. 职工福利基金的概念

职工福利基金是指事业单位按照结余的一定比例提取以及按照其他规定提取转入，用于单位职工的集体福利设施、集体福利待遇的资金。

职工福利基金与职工福利费不同。前者是事业单位按照结余总额的一定比例提取，用于单位集体福利设施等集体福利的开支；后者是事业单位按职工工资总额的一定比例提取，并在事业支出和经营支出的"职工福利费"名下列支，主要用于职工个人方面的开支。

2．职工福利基金的计提方法

根据国家有关财务规则的规定，事业单位职工福利基金的提取主要有两种方式：一是按单位职工工资总额的一定比例提取并在事业支出和经营支出中列支；二是从单位年度结余分配中形成。

财政部明确了事业单位职工福利基金的提取比例，并自 2012 年 4 月 1 日起施行。事业单位职工福利基金的提取比例，在单位年度非财政拨款结余的 40% 以内确定。中央级事业单位职工福利基金的提取比例，由主管部门会同财政部在单位年度非财政拨款结余的 40% 以内核定。

3．职工福利基金的管理要求

（1）职工福利基金要按规定开支。公共组织的职工福利基金支出必须按照国家规定的开支范围执行，其具体开支范围一般包括：集体福利设施建设支出，主要是用于职工食堂、职工浴室、理发室、幼儿园等职工福利设施的补助，及其人员的工资和其他支出；职工公费医疗超支部分按照规定由公共组织负担的费用支出，以及按照国家规定可由职工福利基金开支的其他支出。

（2）职工福利基金要实行计划管理。公共组织的职工福利基金的支出直接关系到职工的切身利益，在使用时应当根据职工福利基金的结存数和当期提取数，量入为出，实行计划管理。对一些重大的职工福利支出项目、支出计划和支出决算，应充分发扬民主，听取群众意见，接受群众监督，必要时可通过职工代表大会讨论通过。

（四）其他基金的管理

其他基金是指按照国家有关规定提取设置的除上述专用基金以外的其他具有专门用途的资金。行政事业单位其他基金主要包括住房基金、医疗基金、职工教育基金以及其他按有关规定提取设置的基金。其他基金的提取设置要按国家有关规定执行。

五、结余管理

（一）结余的含义

结余是指行政事业单位年度收入与支出相抵后的余额，它反映了各单位年度财务收支的结果。

其平衡公式为：

$$结余 = 全部收入 - 全部支出$$

因为行政事业单位目前实行收入与支出的统一核算与管理，故该项收入是所谓"大收入"，结余也是指全部收入与全部支出相抵后的余额，即"大结余"。它反映了单位年度财务收支的结果。

（二）行政单位结余计算

行政单位结余是指行政单位在公务活动过程中年度全部收入与全部支出相抵后的余额。是全年资金运行的余额。

行政单位的结余并不能说明单位进行公务活动的成果，只能说明公务活动过程中收入保证支出的程度。

如果收入大于支出形成结余，说明各项资金来源渠道形成的收入完全可以抵补支出，或说明行政单位支出的节约程度；反之，则说明收入不能保证公务活动的各项耗费，或者说是支出的浪费程度。

行政单位的结余分为经费结余和专项结余。

经费结余是指行政单位经费收入与经费支出相抵后的余额：经费收入是指财政或上级部门拨入的经费，也包括单位自行组织的收入；经费支出包括单位本身发生的各项业务活动支出，也包括拨付所属单位的支出。

专项资金结余是指行政单位专项资金收入与专项资金支出相抵后的余额。

相应地，行政单位的正常经费结余和专项资金结余应分别核算。

其计算公式为：

经费结余 =（财政预算拨款收入 + 非税收入 + 其他收入）-（经常性支出 + 专项支出 + 自
        筹基本建设支出）

专项结余 = 拨入专款 - 专款支出

（三）事业单位结余计算

事业单位的结余是其全部收入与全部支出相抵后的余额。其计算公式为：

结余 =（财政补助收入 + 上级补助收入 + 事业收入 + 经营收入 + 其他收入）-（事业支出 +
      拨出经费 + 经营支出 + 自筹基建支出 + 对附属单位补助支出 + 上缴上级支出）

事业单位结余按资金用途不同分为财政拨款结余和非财政拨款结余。

财政拨款结余按资金用途不同分为经常性收支结余和专项资金收支结余。

非财政拨款结余按资金获得渠道不同分为事业结余和经营结余。事业单位的结余主要包括事业结余和经营结余。

（1）事业结余。事业结余是指事业单位在一定期间（通常指一年）内事业收入与事业支出相抵后的余额。

计算公式为：

事业结余＝（财政补助收入＋上级补助收入＋事业收入＋附属单位上缴收入＋其他收入）－

（事业支出＋拨出经费＋结转自筹基建＋对附属单位补助支出＋上缴上级支出＋

销售税金）

一个单位的事业结余并不能说明该单位进行经济活动的成果，只能说明单位为开展专业业务活动及辅助活动发生的收支相抵的余额。

如果收入大于支出形成结余，说明本期收入可以抵补本期支出，或说明增收节支的结果；如果支出大于收入，则说明本期收入不能保证该期间为开展专业业务活动及辅助活动各项开支的需要。

（2）经营结余。经营结余是指事业单位在一定期间内各项经营收入与经营支出相抵后的余额。

经营结余＝经营收入－经营支出－销售税金

（3）专项结余。专项结余即专项资金收支余额，是专项资金收入与专项资金支出相抵后的余额。

（四）结余分配

结余或亏损结算完毕后，单位要对结余或亏损按国家规定进行分配。

年度终了，事业单位应当将当年实现的事业结余全数转入"结余分配"，结转后，"事业结余"科目无余额。经营结余通常应当转入"结余分配"，但如为亏损，则不予结转。

如果单位当期实现了结余，其分配的内容有以下方面。

1. 缴纳所得税

按规定凡是有生产经营所得和其他所得的事业单位，均为所得税的纳税义务人，国家规定的减免税项目除外。

2. 提取专用基金

即按税后净结余的一定比例提取职工福利基金及其他专用基金。

---

3. 结转事业基金

即提取专用基金后剩余部分转作事业基金用于弥补以后年度单位收支的差额。

如果单位当期发生了亏损，其中事业亏损年终时应由事业基金弥补；经营亏损则不能由事业基金弥补，而应结转下年，由以后年度所实现的经营结余弥补。

单位年终结账后发生以前年度会计事项的调整或变更，涉及以前年度结余的，一般应直接通过事业基金科目进行核算，并在会计报表上加以注明。

（五）结余管理要求

1. 正确计算提取结余

事业单位应当按照《事业单位财务规则》规定的计算方法和计算内容，对单位全年的收支活动进行全面的清查、核对、整理和结算，如实反映全年收支结余情况。经营收支结余和事业收支结余应分别结转，二者不能混淆。

行政单位的结余不提取专用基金，也不进行其他分配，专项结余需要财政部门或上级主管部门审核批准后方可使用，经费结余按规定全部结转下年继续使用。对经费结余和专项结余要分别计算。

2. 按规定分配结余

各事业单位应当按有关规定及单位章程等，组织好结余分配。对发生亏损的事业单位，结余分配的真实含义，则是想方设法弥补亏损。

第四节　收入与利润分配管理

一、收入与分配管理的意义与原则

企业通过经营活动取得收入后，要按照补偿成本、缴纳所得税、提取公积金、向投资者分配利润等顺序进行分配。对于企业来说，收入分配不仅是资产保值、保证简单再生产的手段，同时也是资产增值、实现扩大再生产的工具。通过收入分配还可以满足国家政治职能与经济职能的需要。同时，它也是处理所有者、经营者等各方面物质利益关系的基本手段。

（一） 收入与分配管理的意义

1. 集中体现了企业所有者、经营者与劳动者之间的利益关系

企业所有者是企业权益资金的提供者，按照谁出资、谁受益的原则，其应得的投资收益需通过企业的收入分配来实现，而获得投资收入的多少取决于企业盈利状况及利润分配政策。通过收入分配，投资者能实现预期的收益，提高企业的信誉程度，有利于增强企业未来融通资金的能力。

企业的债权人在向企业投入资金的同时也承担了一定的风险。企业的收入分配中应体现出对债权人利益的充分保护，不能伤害债权人的利益。除了按时支付到期本金、利息外，企业在进行收入的分配时也要考虑债权人未偿付本金的保障程度，否则将在一定程度上削弱企业的偿债能力，从而降低企业的财务弹性。

职工是价值的创造者，是企业收入和利润的源泉。通过薪资的支付以及各种福利的提供，可以提高职工的工作热情，使其为企业创造更多的价值。因此，为了正确、合理地处理好企业各方利益相关者的需求，就必须对企业所实现的收入进行合理分配。

2. 企业维持简单再生产和实现扩大再生产的基本条件

企业在生产经营过程中所投入的各类资金，会随着生产经营活动的进行不断地发生消耗和转移，形成成本费用，最终构成商品价值的一部分。销售收入的取得，为企业成本费用的补偿提供了前提，为企业简单再生产的正常进行创造了条件。通过收入与分配的管理，企业能形成一部分自行安排的资金，可以增强企业生产经营的财力，有利于企业适应市场需要扩大再生产。

3. 企业优化资本结构、降低资本成本的重要措施

留存收益，是企业重要的权益资金来源。留存收益的多少，影响企业积累的多少，从而影响权益与负债的比例，即资本结构。企业价值最大化的目标要求企业的资本结构最优，而收入与分配便成了优化资本结构、降低资本成本的重要措施。

（二） 收入与分配管理的原则

1. 依法分配原则

企业的收入分配必须依法进行。为了规范企业的收入分配行为，维护各利益相关者的合法权益，国家颁布了相关法规。这些法规规定了企业收入分配的基本要求、一般程序和重要比例，企业应当认真执行，不得违反。

2. 分配与积累并重原则

企业的收入分配必须坚持积累与分配并重的原则。企业通过经营活动赚取收益，既要保证企业简单再生产的持续进行，又要不断积累企业扩大再生产的财力基础。恰当处理分配与积累之间的关系，留存一部分净收益以供未来分配之需，能够增强企业抵抗风险的能力，同时也可以提高企业经营的稳定性与安全性。

3. 兼顾各方利益原则

企业的收入分配必须兼顾各方面的利益。企业是经济社会的基本单元，企业的收入分配涉及国家、企业股东、债权人、职工等多方面的利益。正确处理它们之间的关系，协调其矛盾对企业的生存、发展是至关重要的。企业在进行收入分配时，应当统筹兼顾，维护各利益相关者的合法权益。

4. 投资与收益对等原则

企业进行收入分配应当体现"谁投资，谁受益"，收益大小与投资比例相对等的原则。这是正确处理投资者利益关系的关键。企业在向投资者分配收益时，应本着平等一致的原则，按照投资者投资额的比例进行分配，不允许任何一方随意多分多占，以从根本上实现收入分配中的公开、公平和公正，保护投资者的利益。

二、收入管理

广义的企业收入是指企业因销售商品、提供劳务、转让资产使用权所取得的各种收入的总称。由于销售收入应当是企业收入的主体，故这里所指收入主要是指销售收入，即企业在日常经营活动中，由于销售产品、提供劳务等所形成的收入。

企业销售收入是企业的主要财务指标，在资金运动过程中处于起点和终点的地位，具有重要的经济意义。它是企业简单再生产和扩大再生产的资金来源，是加速资金周转的前提。由于销售收入具有重要的经济意义，所以必须加强企业销售收入的管理。销售收入大小的制约因素主要是产品的销售数量和销售价格，因此，企业在经营管理过程中一定要做好销售预测分析以及销售定价管理。

（一）销售预测分析

销售预测分析是指通过市场调查，以有关的历史资料和各种信息为基础，运用科学的预测方法或管理人员的实际经验，对企业产品在计划期间的销售量或销售额作出预计或估量的过程。企业在进行销售预测时，应充分研究和分析企业产品销售的相关资料，如产品价格、产品质量、售后服务、推销方法等。此外，对企业所处的市场环境、物价指数、市场占用率及经济发展趋势等情况也应进行研究分析。

销售预测的方法有很多种，主要包括定性分析法和定量分析法。

1. 销售预测的定性分析法

定性分析法，即非数量分析法，是指由专业人员根据实际经验，对预测对象的未来情况及发展趋势作出预测的一种分析方法。它一般适用于预测对象的历史资料不完备或无法进行定量分析时，主要包括营销员判断法、专家判断法和产品寿命周期分析法。

（1）营销员判断法。营销员判断法又称意见汇集法，是由企业熟悉市场情况及相关变化信息的经营管理人员对由营销员调查得来的结果进行综合分析，从而作出较为正确预测的方法。这种方法的优点在于用时短、成本低、比较实用。但是这种方法单纯靠营销人员的主观判断，具有较多的主观因素和较大的片面性。

（2）专家判断法。专家判断法，是由专家根据他们的经验和判断能力对特定产品的未来销售量进行判断和预测的方法，主要有以下三种不同形式。

第一，个别专家意见汇集法，即分别向每位专家征求对本企业产品未来销售情况的个人意见，然后将这些意见再加以综合分析，确定预测值。

第二，专家小组法，即将专家分成小组，运用专家的集体智慧进行判断预测的方法。此方法的缺陷是预测小组中的专家意见可能受权威专家的影响，客观性较德尔菲法差。

第三，德尔菲法，又称函询调查法，它采用函询的方式，征求各方面专家的意见，各专家在互不通气的情况下，根据自己的观点和方法进行预测，然后由企业把各个专家的意见汇集在一起，通过不记名方式反馈给各位专家，请他们参考别人的意见修正本人原来的判断，如此反复数次，最终确定预测结果。

（3）产品寿命周期分析法。产品寿命周期分析法就是利用产品销售量在不同寿命周期阶段上的变化趋势，进行销售预测的一种定性分析方法，它是对其他预测分析方法的补充。产品寿命周期是指产品从投入市场到退出市场所经历的时间，一般要经过萌芽期、成长期、成熟期和衰退期四个阶段。在这一发展过程中，产品销售量的变化呈一条曲线，称为产品寿命周期曲线。

判断产品所处的寿命周期阶段，可根据销售增长率指标进行。一般来说，萌芽期增长率不稳定，成长期增长率最大，成熟期增长率稳定，衰退期增长率为负数。萌芽期历史资料缺乏，可以运用定性分析法进行预测；成长期可运用回归分析法进行预测；成熟期销售量比较稳定，适用趋势预测分析法。

2. 销售预测的定量分析法

定量分析法，也称数量分析法，是指在预测对象有关资料完备的基础上，运用一定的数学方法，建立预测模型作出预测。它一般包括趋势预测分析法和因果预测分析法两大类。

（1）趋势预测分析法。趋势预测分析法主要包括算术平均法、加权平均法等。

算术平均法，即将若干历史时期的实际销售量或销售额作为样本值，求出其算术平均数，并将该平均数作为下期销售量的预测值。算术平均法适用于每月销售量波动不大的产品的销售预测。

加权平均法，同样是将若干历史时期的实际销售量或销售额作为样本值，将各个样本值按照一定的权数计算得出加权平均数，并将该平均数作为下期销售量的预测值。一般来说，由于市场变化较大，离预测期越近的样本值对其影响越大，而离预测期越远的则影响越小，所以权数的选取应遵循"近大远小"的原则。

（2）因果预测分析法。因果预测分析法是指通过影响产品销售量（因变量）的相关因素（自变量）以及它们之间的函数关系，并利用这种函数关系进行产品销售预测的方法。

（二）销售定价管理

销售定价不仅影响产品的边际贡献，而且影响产品的销售数量与市场地位，从而对企业收入产生复杂而直接的影响。正确制定销售定价策略，直接关系到企业的生存和发展，加强销售定价管理是企业财务管理的重要内容。

1. 销售定价管理的含义

销售定价管理是指在调查分析的基础上，选用合适的产品定价方法，为销售的产品制定最为恰当的售价，并根据具体情况运用不同价格策略，以实现经济效益最大化的过程。

企业销售各种产品都必须确定合理的产品销售价格。产品价格的高低直接影响到销售量的大小，进而影响到企业的盈利水平。单价水平过高，导致销售量降低，如果达不到保本点，企业就会亏损；单价水平过低，虽然会起到促销作用，但单位毛利降低，使企业的盈利水平下降。因此，产品销售价格的高低，价格策略运用得恰当与否，都会影响到企业正常的生产经营活动，甚至影响到企业的生存和发展。进行良好的销售定价管理，可以使企业的产品更富有吸引力，扩大市场占用率，改善企业的相对竞争地位。

2. 影响产品价格的因素

影响产品价格的因素非常复杂，主要包括以下几个方面。

（1）价值因素。价格是价值的货币体现，价值的大小决定着价格的高低，而价值量的大小又是由生产产品的社会必要劳动时间决定的。因此，提高社会劳动生产率，缩短生产产品的社会必要劳动时间，可以相对地降低产品价格。

（2）成本因素。成本是影响定价的基本因素。企业必须获得可以弥补已发生成本费用的足够多的收入，才能长期生存发展下去。虽然短期内的产品价格有可能会低于其成本，但从长期来看，产品价格应等于总成本加上合理的利润，否则企业将无利可图，难以长久生存。

（3）市场供求因素。市场供求变动对价格的变动具有重大影响。当一种产品的市场供应大于需求时，就会对其价格产生向下的压力；而当其供应小于需求时，则会推动价格的提升。市场供求关系是永远矛盾着的两个方面，因此，产品价格也会不断地波动。

（4）竞争因素。产品竞争程度不同，对定价的影响也不同。竞争越激烈，对价格的影响也越大。在完全竞争的市场，企业几乎没有定价的主动权；在不完全竞争的市场，竞争的强度主要取决于产品生产的难易和供求形势。为了做好定价决策，企业必须充分了解竞争者的情况，最重要的是竞争对手的定价策略。

（5）政策法规因素。各个国家对市场物价的高低和变动都有限制和法律规定，同时国家会通过生产市场、货币金融等手段间接调节价格。企业在制定定价策略时，一定要很好地了解本国及所在国有关方面的政策和法规。

3. 企业的定价目标

定价目标是指企业在一定的经营环境中，制定产品价格，通过价格效用实现企业预期的经营目标。企业自身的实际情况及所面临的外部环境不同，企业的定价目标也多种多样，主要有以下几种。

（1）实现利润最大化。这种目标通常是通过为产品制定一个较高的价格，从而提高产品单位利润率，最终实现企业利润最大化。它适用于在市场中处于领先或垄断地位的企业，或者在行业竞争中具有很强的竞争优势，并能长时间保持这种优势的企业。

（2）保持或提高市场占有率。企业为了实现这一目标，其产品价格往往需要低于同类产品价格，以较低的价格吸引客户，逐步扩大市场份额，但在短期内可能要牺牲一定的利润空间。因此，这种定价目标要求企业具有潜在的生产经营能力，总成本的增长速度低于总销量的增长速度，商品的需求价格弹性较大，即适用于能够薄利多销的企业。

（3）稳定价格。通常做法是由行业中的领导企业制定一个价格，其他企业的价格则与之保持一定的比例关系，无论是大企业还是中小企业都不会随便降价。这种定价通常适用于产品标准化的行业，如钢铁制造业等。

（4）应对和避免竞争。当竞争对手维持原价时，企业也保持原价；竞争对手改变价格时，企业也相应地调整价格，但是企业不会主动调整价格。这种定价方法主要适用于中小型企业。

（5）树立企业形象及产品品牌。以树立企业形象及产品品牌为定价目标主要有两种情况：一是树立优质高价形象。企业在定价时，可以不拘泥于实际成本，而是制定一个较高的价格，产生一种品牌的增值效应。采用这种策略，不但可以使企业获得高额利润，而且还能够满足消费者的心理需求。二是树立大众化评价形象。通过大众化的评价定位树立企业形象，吸引大量的普通消费者，以扩大销量，获得利润。

4. 产品定价方法

产品定价方法主要包括以成本为基础的定价方法和以市场需求为基础的定价方法两大类。

（1）以成本为基础的定价方法。企业成本范畴基本上有三种成本可以作为定价基础，即变动成本、制造成本和完全成本。

变动成本是指其总额会随业务量的变动而变动的成本。变动成本可以作为增量产量的定价依据，但不能作为一般产品的定价依据。

制造成本是指企业为生产产品或提供劳务等发生的直接费用支出，一般包括直接材料、直接人工和制造费用。由于它不包括各种期间费用，因此不能正确反映企业产品的真实价值消耗和转移。利用制造成本定价不利于企业简单再生产的继续进行。

完全成本是指企业为生产、销售一定种类和数量的产品所发生的费用总额，包括制造成本和管理费用、销售费用及财务费用等各种期间费用。在完全成本基础上制定价格，既可以保证企业简单再生产的正常进行，又可以使劳动者为社会劳动所创造的价值得以全部实现。因此，当前产品定价的基础，仍然是产品的完全成本。

（2）以市场需求为基础的定价方法。以成本为基础的定价方法，主要关注企业的成本状况而不考虑市场需求状况，因而采用这种方法制定的产品价格不一定满足企业销售收入或利润最大化的要求。最优价格应是企业取得最大销售收入或利润时的价格。以市场需求为基础的定价方法可以契合这一要求，主要有需求价格弹性系数定价法和边际分析定价法等。

需求价格弹性系数定价法，是指产品在市场上的供求变动关系，实质上体现在价格的刺激和制约作用上。需求增大导致价格上升，刺激企业生产；而需求减小，则会引起价格下降，从而制约了企业的生产规模。从另一个角度看，企业也可以根据这种关系，通过价格的升降来作用于市场需求。在其他条件不变的情况下，某种产品的需求量随其价格的升降而变动的程度，就是需求价格弹性系数。

边际分析定价法，是指基于微分极值原理，通过分析不同价格与销售量组合下的产品边际收入、边际成本和边际利润之间的关系，进行定价决策的一种定量分析方法。

边际是指每增加或减少一单位所带来的差异。那么，产品边际收入、边际成本和边际利润就是指销售量每增加或减少一单位所形成的收入、成本和利润的差额。按照微分极值原理，如果利润函数的一阶导数等于零，即边际利润等于零，边际收入等于边际成本，那么，利润将达到最大值。此时的价格就是最优销售价格。

当收入函数和成本函数均可微分时，直接对利润函数求一阶导数，即可得到最优售价；当收入函数或成本函数为离散型函数时，可以通过列表法，分别计算各种价格与销售量组合下的边际利润，那么，在边际利润大于或等于零的组合中，边际利润最小时的价格就是最优售价。

5. 价格运用策略

企业之间的竞争在很大程度上表现为企业产品在市场上的竞争。市场占有率的大小是衡量产品市场竞争能力的主要指标。除了提升产品质量之外，根据具体情况合理运用不同的价格策略，可以有效地提高产品的市场占有率和企业的竞争能力。其中，主要的价格运用策略有以下几种。

（1）折让定价策略。折让定价策略是指在一定条件下，以降低产品的销售价格来刺激购买者，从而达到扩大产品销售量的目的。价格的折让主要表现是折扣，一般表现为单位折扣、数量折扣、现金折扣、推广折扣和季节性折扣等形式。

单价折扣，是指给予所有购买者以价格折扣，而不管其购买数量的多少。

数量折扣，即按照购买者购买数量的多少所给予的价格折扣。购买数量越多，则折扣越大；反之，则越小。

现金折扣，即按照购买者付款期限长短所给予的价格折扣，其目的是鼓励购买者尽早偿还货款，以加速资金周转。

推广折扣，是指企业为了鼓励中间商帮助推销本企业产品而给予的价格优惠。

季节性折扣，即企业为鼓励购买者购买季节性商品所给予的价格优惠。这样可以鼓励购买者提早采购，减轻企业的仓储压力，加速资金周转。

（2）心理定价策略。心理定价策略是指针对购买者的心理特点而采取的一种定价策略，主要有声望定价、尾数定价、双位定价和高位定价等。

声望定价，是指企业按照其产品在市场上的知名度和消费者中的信任程度来制定产品价格的一种方法。一般来说，声望越高，价格越高，这就是产品的"名牌效应"。

尾数定价，即在制定产品价格时，价格的尾数取接近整数的小数（如 199.9 元）或带有一定谐音的数（158 元）等。它一般只适用于价值较小的中低档日用消费品定价。

双位定价，是指在向市场以挂牌价格销售时，采用两种不同的标价来促销的一种定价方法。比如，某产品标明"原价 158 元，现促销价 99 元"。这种策略适用于市场接受程度较低或销路不太好的产品。

高位定价，即根据消费者"价高质优"的心理特点实行高标价促销的方法。但高位定价必须是优质产品，不能弄虚作假。

（3）组合定价策略。组合定价策略是针对相关产品组合所采取的一种方法。它根据相关产品在市场竞争中的不同情况，使互补产品价格有高有低，或使组合售价优惠。对于具有互补关系的相关产品，可以采取降低部分产品价格而提高互补产品价格，以促进销售，提高整体利润，如便宜的整车与高价的配件等。对于具有配套关系的相关产品，可以对组合购买进行优惠，如西服套装中的上衣和裤子等。组合定价策略可以扩大销售量、节约流通费用，有利于企业整体效益的提高。

（4）寿命周期定价策略。寿命周期定价策略是根据产品从进入市场到退出市场的生命周期，分阶段确定不同价格的定价策略。产品在市场中的寿命周期一般分为推广期、成长期、成熟期和衰退期。推广期的产品需要获得消费者的认同，进一步占有市场，应采取低价促销策略；成长期的产品有了一定的知名度，销售量稳步上升，可以采用中等价格；成熟期的产品市场知名度处于最佳状态，可以采用高价促销，但由于市场需求接近饱和，竞争激烈，定价时必须考虑竞争者的情况，以保持现有市场销售量；衰退期的产品市场竞争力下降，销售量下滑，应该降价促销或维持现价并辅之以折扣等其他手段，同时，积极开发新产品，保持企业的市场竞争优势。

三、利润分配管理

利润是指企业在一定会计期间的经营成果，包括收入减去费用后的净额、直接计入当期利润的利得和损失等。利润分配是指企业根据国家有关规定和企业章程、投资者的决议等，对企业当年可供分配的利润所进行的分配。利润分配的过程和结果，关系到企业所有者的合法权益能否得到保护、企业能否长期稳定发展等问题，因此，企业必须加强对利润分配的管理。

（一）利润分配的内容

支付股利是税后利润分配的一项，但不是利润分配的全部。公司税后分配即缴纳所得税之后的净利润分配项目，主要包括以下内容。

第一，提取法定盈余公积金。法定盈余公积金按照公司净利润的 10% 提取，当公司法定盈余公积金累计额为公司注册资本的 50% 以上时，可以不再提取。公司的法定盈余公积金不足以弥补以前年度亏损的，在依照规定提取法定盈余公积金之前，应当先用当年利润弥补亏损，即税后补亏。

第二，提取任意盈余公积金。任意盈余公积金按照公司股东会或者股东大会决议，从公司税后利润即净利润中提取。

第三，向股东（投资者）分配利润（支付股利）。在公司弥补亏损和提取公积金之后，股利（利润）应以各股东（投资者）持有股份（投资额）的数额为依据按比例分配，但全体股东或公司章程约定不按持股比例分配的除外。股份有限公司依法回购后暂未转让或者注销的股份，不得参与利润分配；以回购股份对经营者及其他职工实施股权激励的，在拟订利润分配方案时，应当预留回购股份所需利润。股份有限公司原则上应从累计盈利中分派股利，无盈利不得支付股利，即遵循所谓无利不分原则。但若公司用盈余公积金（盈余公积金包括法定盈余公积金和任意盈余公积金）弥补亏损后，为维护其股票信誉，经股东大会特别决议，也可以按照不超过股票面值 6% 的比率用盈余公积金支付股利，不过这样支付股利后留存的法定盈余公积金不得低于注册资本的 25%。

（二）利润分配的顺序

1. 弥补以前年度亏损并计算可供分配的利润

企业发生的年度亏损在 5 年内税前补亏后仍未弥补够的亏损，只能用缴纳所得税后的净利润弥补，这种税后补亏是按照账面数字进行的。补亏后，将本年度净利润（亏损）与年初未分配利润（或亏损）合并，计算出可供分配的利润。除法律、行政法规另有规定外，如果可供分配利润为正数，则进行后续分配；如果可供分配的利润为负数（即亏损），则不能进行后续分配。

2. 提取法定盈余公积金

按抵减年初累计亏损后的本年净利润计提法定盈余公积金，其计提基数不是可供分配的利润，也不一定是本年度的税后净利润，只有不存在年初累计亏损时，才能按照本年度税后净利润计提。在没有累计盈余的情况下，不能提取盈余公积金。

3. 提取任意盈余公积金

《中华人民共和国公司法》规定，公司从税后利润中提取法定盈余公积金后，经股东会决议，可以提取任意盈余公积金。任意盈余公积金的提取与否及提取比例由股东会根据公司发展的需要和盈余情况决定，法律不做强制规定。

4. 向股东（投资者）分配利润（支付股利）

公司股东会、股东大会或者董事会违反规定，在公司弥补亏损和提取法定盈余公积金之前向股东分配利润的，股东必须将违反规定分配的利润退还公司。

第三章 财务管理实践与创新研究

第一节 行政单位财务管理与创新

我国行政单位正处于由管理型向服务型转变的阶段，财务管理是政府管理体制重要的组成部分，也直接影响政府履行职能水平，在政府职能转变的今天，财务管理制度也必须寻求积极变革，改善财务管理水平。现阶段行政单位财务管理存在着一些问题，例如管理制度松散、权责不清、国有资产管理不当以及财政资金使用效率低下等。因此，开展有关行政单位财务管理问题的研究具有现实意义。

一、行政单位财务管理存在的问题分析

（一）缺乏规范的预算管理和执行制度

行政单位运行资金基本上来源于国家财政力量的支持，政府财政资金的拨付需要根据各个部门机关制定的财务预算报表来审核并下发资金，因此预算管理是行政单位财务管理的关键内容，也是行政单位开展财务活动的前提和基础，因此行政单位必须具备规范、科学的预算管理和执行制度。

预算编制工作是预算管理工作的开始，有了好的预算编制方案，才能进行接下来的预算执行和监督工作。当时，现阶段我国行政单位在财务管理的实际操作中，预算管理编制存在很多问题：一方面，一些单位的管理者并未充分认识到预算管理的重要意义，未针对预算编制制定相应的规章制度，数据和材料都准备不足，预算管理部门与其他部门之间的沟通也存在障碍，其他管理部门认为预算管理与自身无关，也不积极配合预算管理工作；另一方面，预算编制不科学，随机性较大，缺乏统一的制度标准，一些单位为了获得更多的政府资金而盲目扩大预算规模，造成资金的浪费。

预算执行工作是落实预算方案的实际条件，只有方案和制度得到了执行，预算才算完成。但是现阶段很多行政单位在预算执行上更多流于形式，执行力低下。另外，由于预算编制的质量低，导致预算执行和方案可能存在较多的差距，无法发挥预算管理的监督保障作用，缺乏有效的管理制度。

（二）缺乏健全的内部控制制度

内部控制是机构优化自身管理的重要一环，越来越广泛地运用到政府机构的财务管理中，但是现阶段我国行政单位在内部控制制度上存在很多问题。

首先是缺乏基本的内部控制意识。一些行政单位的领导人员没有意识到科学合理的内部控制程序对于政府内部财务管理的重要意义，往往认为财务管理的混乱是管理人员水平的低下导致，实际上是由于财务部门内部缺乏一个健全的控制程序，领导者往往重视开发而忽视管理，在极为重要的财务部门，设置的内部控制制度也往往是形式大于实质，难以发挥应有的管理作用。其次是内部控制制度缺乏有效的外部监督和内部审计。内部控制制度是指该机关针对自身管理运行的内容设计的有效的管理规章制度，内部控制制度的设计有效性必须进行有效的内部审计和外部监督。但是现阶段很多行政单位内部控制制度的外部监督缺位，导致内部控制制度的管理缺乏限制和约束。一些行政单位财务内部控制虽然设置内部审计部门，但是这些审计部门缺乏独立性，通常由其他部门兼职，不能独立地履行监督管理的职能，影响到审计监督的效果。

（三）缺乏完善的财务管理信息化体系

现代信息化和大数据技术的发展日新月异，导致数据的规模和数量日益膨胀，行政单位财务管理涉及的信息数据也十分惊人，现在已经不能采用传统人工记账的数据信息处理方式，必须建立起完善的财务管理信息化体系。但是现阶段，我国行政单位财务管理信息化建设普遍比较落后。

首先，存在着信息目标不明确的问题。一些行政单位在财务信息化建设时，找不到信息化的目标方向，无法提出整体功能化的需求，目前行政单位信息化的建设还局限在会计信息、统计和会计电算化方面，离完善的财务信息化系统还存在着较大的差距。

其次，行政单位没有财务信息化管理设施，各个行政单位应根据自身的实际情况确定对信息化软件和硬件的需求，但是现阶段行政单位在信息化设施上存在很大的差异，缺乏系统性，难以建立科学的管理系统。

最后，财务管理信息化缺乏专业的管理人员。财务管理信息化体系的建设，不仅仅需要过硬的信息化软件和硬件，更需要专业的财务信息化管理人才，但是现阶段行政单位在财务信息化人才方面的缺失也限制了其财务管理信息化的发展。

（四）财务人员综合素质较低

首先，在旧会计制度的背景下，财务人员主要以收付实现制为基础，而新会计制度主要以权责发生制为基础，在观念和模式上都具有较大的改变。

其次，和其他部门的人员相互比较，财务部门的人员流动性较差，缺乏相关的业务经验，不能充分满足会计制度改革的要求。行政事业单位必须与时代共同进步，将国家的战略要求彻底贯彻落实，从而组建高素质的财务队伍。

二、行政单位的财务管理创新策略

（一）促使新旧会计制度进行有效衔接

为了能够促使新旧会计制度进行有效衔接，保障相关人员能够更好地掌握新会计制度，就必须根据行政事业单位的实际状况进行分析。首先，对单位的应收账款、预付账款等进行清理，然后综合新会计制度的要求筹划，必须依照合同履行情况实施，科学合理地进行分配。另外，对固定资产进行盘点和清查，明确固定资产的所属权，确保实际资产与资产财务信息能够相互对应，并且完善资产管理系统，有效进行衔接。确保在实施新会计制度的过程中，能够对单位资产的实际情况进行充分了解，确保数据信息的完整性。其次，在财务管理期间，随着新会计制度要求的不断提升，为了确保新旧会计制度能够进行有效的衔接，就必须将会计制度建设工作做好。在原有会计制度的基础上，将单位实际情况和新会计制度的要求进行综合，对单位内部制度进行科学合理的制定，为后续的财务管理工作提供基础保障，快速落实新会计制度。

（二）完善预算编制管理体系

1. 不断对财政预算编制制度进行完善

必须严格落实财政预算编制管理工作，不断完善财政预算编制制度，确保能够合理地对财政资金进行均衡分配。在财政管理的过程中，需要对实际情况进行合理分析，结合工作目标，通过对财政编制体系的不断完善来增强财政管理水平。全面地监督管理各个部门的预算编制情况和相关的执行情况，确保能够在完善的制度体制保障下进行预算编制工作。

2. 制定弹性预算制度

在编制预算的过程中，需要将项目目标和实际情况进行结合，保障行政单位的各个部门可以正常运转，为后期的预算编制提供数据参考，确保能够不断地完善预算编制。此外，为了能够适应社会发展的趋势，需要定期对财务人员进行培训，从而提高财务人员的综合素质和业务水平，确保能够有效地衔接新旧会计制度，更加科学规范地进行财务管理工作。

（三）增强行政单位内控

在新会计制度实施的背景下，必须不断地优化财务管理机制。在财务管理的过程中，需要将定责定编定岗的制度进行有效落实，提高工作效率，以便发生问题后进行追责。在关键岗位上应实行定期轮岗制度，同时对财务工作进行全方位的监管，确保能够严密地监督财务工作的各个流程。在对网络信息安全管控的过程中，应由专人负责重要事务，密钥、财务印鉴等由不同的人员进行管理，以防出现一人负责的情况。

（四）不断增强财务人员的综合素质

行政单位需要重视对会计从业人才的培养，从而满足新会计制度对财务管理工作的需求。在建设财务人才队伍的过程中，首先要引进综合型的会计人才。为了不断增强财务管理的水平，行政单位需要加强对综合型会计人才的重视，可以与高校建立合作关系，根据新会计制度和单位发展的实际需要，有针对性地招聘综合会计人才，完善财务人员队伍。其次，定期对已在岗的财务人员进行培训，确保能够在新会计制度开展的背景下，有效地进行财务管理工作，不断提高其综合素养和业务能力。

（五）增强监督审计的力度

在财务管理的过程中，内部监督审计是其主要的内容之一，可以确保行政单位的资产安全。在新会计制度实施的背景下，需要严格遵守新会计制度的要求，确保财务工作的规范严谨。根据新会计制度和单位发展的实际需要，创立内部审计制度，不断优化内部审计部门，确保监管人员充足，可以完成审计监督的任务，加强对资产、资金的审计管理，从而提高财务数据的精准度，以防出现财务作假、账目作假的情况，将风险因素控制在最低。

与此同时，行政单位需分离监督工作与审计工作，确保它们能够双线并行、独立工作，以防出现相互影响的情况，从而确保财务管理的质量、效率。在进行内部审计工作的过程中，应该将监督渠道进行有效的扩展，建立独立的监督组织部门，监督管理财务工作。要不定期地抽查财务管理工作，一旦发现问题，应及时指出，并采用有效的方法进行处理。另外，还可以开放群众渠道，采用多种渠道接受员工和群众的监督，比如电话、微信公众号、邮箱等方式，将内外协同监督的优势充分发挥出来，从而提高财务管理的水平。

（六）建立管理制度，对固定资产加强管理

首先，建立固定资产预算机制。坚持精简节约，以获得更高的成本收益为主要目标，在投资项目时，需要进行多元化的比较分析，以防盲目跟从。

其次，建立固定资产预算审批机制。加强审批流程管理，必须对所有纳入政府采购范围的内容进行申报，并且确保相关的文件齐全。

最后，建立固定资产监督机制。在采购过程中，必须对预算资金的实施情况进行全面监督，并且实时记录，确保在配置和升级过程中固定资产的科学性，从而满足其相关需求。

（七）建立财务管理信息系统

在新会计制度实施的背景下，财务管理会产生大量的数据，为了能够对数据进行高效的分析处理，就需建立专门承载数据的系统。可以根据数据系统的功能特点对数据进行有效的分析、储存，从而提升财务管理的效率。在大数据技术的支持下，必须增强财务管理的合理性，通过应用先进的科学技术，对财务管理工作进行创新，并且不断完善数据库，优化内部管理流程，从而满足财务管理的要求；必须协调沟通各个部门，确保数据能够有效互通，实现多个部门协调作业的模式。现阶段，有多种财务管理软件，EPR 是基于信息化技术与财务管理相结合的财务软件，可以依照行政单位的实际发展情况，从而对目标进行优化，调整资金项目活动，减少财务风险，确保能够动态化地对资金情况进行跟踪，从而保障资金的有效落实。

（八）建立财务会计信息安全防范制度

现阶段，随着新会计制度的实施，数据的价值也逐渐凸显。财务人员可以在大数据技术的帮助下，充分挖掘关键信息，同时不断地优化内部资源；可以通过云共享等功能对数据信息进行收集，确保行政单位经济活动的顺利进行。根据实际情况进行分析，对关键数据进行保密是十分重要的。互联网的不断发展，改变了数据的储存方式，从而也为数据安

全带来了风险。在运用大数据技术时，数据的安全性难以得到保障。为了能够保障行政单位的财务利益，必须建立保护制度，从而保障数据的安全，确保财务管理工作顺利进行。

第二节 高校财务管理与创新发展

一、高校财务管理创新发展现状及存在的问题

（一）财务管理人员综合素质受限，无法满足新需求

新时代大数据背景下，不仅要求财务管理人员具备扎实的财务专业知识，更需具备整合数据、分析数据和信息技术应用能力。财务管理人员通过对比分析预算的实际执行，评估与控制教科研投入的成本等，作出准确的分析反馈，提高预判的科学性，推动学校的可持续发展。

从目前的情况来看，高校财务管理人员多以财经管理类专业人员为主，技能比较单一，平时侧重于会计的核算和监督，参与决策评价和财务管理等方面的机会较少，多数人员缺乏分析和处理数据的能力，缺乏创新意识，难以适应高校财务管理需求。

（二）内控制度体系不健全，内控措施落后

新时代背景下，在高校财务管理内涵式发展的新需求下，高校以财政部统一的新财务会计制度为依据，结合自身实际情况制定了相应的内部控制制度，但是未随着时代的不断转变进行相应的调整修改。

对于内部各种业务节点的控制，仍然采用传统的人为控制方法，这就会导致财务管理的效率相对较低，不能及时地处理高校发展过程当中所面临的各种财务问题，较难发现存在的问题和隐患，无法及时地解决各种财务问题，在一定程度上影响了高校财务管理的整体质量。

（三）财务管理模式和方法落后，管理理念无创新

部分高校管理人员对财务管理不重视，观念陈旧，财务管理一直停留在较传统的模式之中，方法相对落后，理念没有创新，缺乏掌握财务管理创新知识和运用创新技能的能力，导致高校财务管理工作缺乏创新管理意识和相应的措施。特别是随着高校招生数量的

不断激增，高校管理者过分关注每年学生的增加和教科研情况，对学校内部的财务管理问题认识不足，没有对财务管理工作进行相应的调整，在收入与支出方面缺乏系统的研究分析，财务管理工作落后，导致了高校资金资源的浪费，不利于高校的发展。

（四）财务管理信息化意识薄弱，信息管理存在风险

目前，高校的财务管理信息化水平普遍偏低，多数仍停留在起步阶段，与学校的实际发展根本不协调。财务管理信息化建设更新后，跟不上大数据时代的发展要求，财务管理信息化建设滞后。

财务管理人员的安全意识普遍较差，防御能力较弱，应对信息泄露、病毒入侵或系统漏洞等问题时，缺乏敏锐性和抵抗力，不能够有效地保护信息数据，容易增强数据泄露的风险。目前，大部分高校财务管理内部控制体制不够完善，使信息数据的安全性无法保障。

（五）财务信息缺乏统一管理平台，信息传递滞后

目前高校拥有财务、资产、科研等多个管理系统，但各个业务系统相互独立，业务流程也相对封闭，各个系统之间没有形成有效的接口，不能有效共享财务数据和业务数据。

由于系统的未完善及系统之间的不兼容，信息与数据的传递较慢，同时各部门对在数据信息统计方面未形成统一的口径与标准，数据处理主观性较大，容易造成部门间数据的不对等，使高校不能及时有效传递业务信息和协同更正信息，导致决策信息不充分不准确，影响了工作效率。

（六）财务核算与资金管理压力较大，业务流程效率不高

目前，部分高校虽然实现了网上报销系统，但由于现有的网报系统还不太成熟，操作相对烦琐，年龄较大的教职工很容易有抵触情绪。财务核算系统与国库支付系统之间缺乏有效的衔接，相关数据需要重复地录入。对于教职工最为关心的工资薪酬，明细不够详尽，财务与财政支付系统和银行之间的对账主要还是依靠人力，线上对账系统没有真正发挥其有效作用。

（七）制度设计不足，缺少完善的财务管理体系

高校在开展财务管理时，虽制定了有关的管理规定和标准，但财务管理体系不够完善，明显与学校的未来发展不符，根本不能满足社会发展的需求，无法有效控制高校的整

体财务情况。

部分高校没有针对性地加强高校财务管理制度的科学设计，改进财务管理方法，使高校财务管理存在各部门之间权责不清等问题。在有效规范资金管理和使用的同时，缺乏相应的量化标准，针对性和可操作性都有待提高，也带来了程序复杂，效率低下等问题。

（八）对全面预算管理认识不足，预算管理薄弱

财务管理人员对于全面预算管理工作的认识不足，未按照工作流程制定各部门预算计划，导致资金配置与流转方面存在较大的随意性，最终出现资金配置与实际工作情况不相符的情况，增加了财务管理的压力，管理混乱。

预算编制不科学，通常参照上年末财务数据，稍做调整来编制下年度的预算，合理性认证缺乏，预算编制不全面，预算管理监管不严格，预算调整和审核往往流于形式，预算的执行力不强，往往存在着预算超支的问题，事后也没有对预算的执行情况予以预算绩效管理评价。

（九）高校过度盲目投资，缺乏风险管控措施

传统的高校经费通常由国家财政部门直接拨付，财务风险较低。新时期，高校的办学规模不断扩大，为了满足扩建要求，高校过度依赖国家的政策与银行，在使用国家提供的相应资金时，没有进行合理的规划设计，盲目进行资金的投放和使用，造成资金的浪费，加重了自身财务负担，导致资金运转越来越困难。

现行的财务管理制度无法有效应对财务资金管理的异常，财务管理人员的资金管理意识比较淡薄，对资金的风险管控意识和应对措施相对缺乏，极易给学校带来一定的财务危机。

二、高校财务管理的创新发展策略

（一）构建高校财务智能化平台

在信息化平台建设发展中，高校通过人工智能技术手段，逐步从传统财务向财务机器人报账发生转变，推进智慧财务建设，打造非接触式服务新模式，实现智能报账、智慧缴费、智能结算、微信服务等财务智能化应用。

1. 搭建财务智能核算平台

第一，建立报销全流程基础层，实现人工智能报账功能。将各类纸质版报销模块以及

人员、部门信息统一导入财务智能报账系统，生成相应的电子填报程序，实现报销单由原先的线下填写改为线上填报，填报完毕后系统将自动推送至相关负责人进行线上审批，形成闭环的审批流，报销人员无须面对面审签。这种新模式，有效减少了人工环节，提高了数据的准确性和真实性。

第二，建立报销全覆盖引擎层，实现多模块的填报功能。财务智能报销系统在满足日常业务报销的基础上，还应搭建更多应用模块，例如搭建采购平台和商旅平台，实现业务与财务的数据关联。这种一站式的服务模式，报销人员可以自由切换报销场景，进一步优化了财务报销流程，进而有效规避部门采购与员工差旅的政策风险。

第三，建立报销全天候应用层，实现财务自助投递功能。通过启用财务自助报账投单机。报销人员无须再到财务部门排队并与财务人员面对面进行审核，只需将完成线上审批手续的报销单连同原始单据自行打印后投递至自助报账投单机即可。这样既避免了人员聚集报销情况，又满足了日常业务报销需求，有效提升了财务管理和服务水平。

2. 搭建财务智能缴费平台

第一，打造校园统一支付平台。校园统一支付平台是针对在校生、教师及外校人员进行网上缴费的一个收费系统。该平台不仅支持学杂费的缴纳，还支持在全校范围内的会议费、网费、停车费、考试报名费、图书馆（超期罚款、赔书费）等收费项目以及校外其他费用的收取。其中，针对已有独立收费系统的收费项目，需要与该平台进行对接；没有独立收费系统的，相关部门可向财务部门提交申请，经审核通过后，实现相关费用的在线缴纳。

第二，打造微信（支付宝）缴费平台。除了包含上述收费功能，微信（支付宝）缴费平台还包含退费功能，即针对申请了助学贷款且已经缴清学费的或疫情期间住宿费需要退费的情况，均可通过该平台申请退款，该平台的使用能进一步保障在校学生的合法权益。与传统缴费模式相比，智慧缴费平台的投入使用能够为财务和相关业务部门实时查询缴费情况，为收费管理提供便利条件，同时也为财务风险的防控提供有效支撑。

3. 搭建财务微信服务平台

目前，各大高校已实现了财务智能查询系统的搭建投入使用，即教师可通过电脑端线上查询个人工资、其他收入、科研项目以及部门经费的收支结余情况及报销信息。该系统的上线有利于科研人员从专业财务数据中解放出来，从而拿出更多时间潜心科研。但随着掌上生活的便利，电脑端的查询方式已无法满足教师的财务查询需求，这使得教师无法随时掌握经费使用情况。对此，根据信息化的发展趋势，将该平台从电脑端延伸到手机端已迫在眉睫。高校应打造电脑端与手机端的融合系统，完成财务系统与微信公众号的对接，即将财务查询系统的数据转移至个人的移动终端上，从而打破时间和空间的限制，进一步提高财务工作效率。

4. 搭建财务智能支付平台

近年来，银校互联应用系统是目前高校最先进的资金结算管理方式，该模式利用银行结算智能技术，使高校账务系统与银行支付系统无缝对接，真正实现了无现金报销，是目前高校财务管理模式的重大突破。通过这种互联模式，高校核算软件在进行账务处理的同时能够完成银行支付业务的同步处理，即通过该系统可以实现实时扣款及无现金结算，避免了原先需要在财务系统与银行网银两个系统内分时处理的时间间隔。区别于传统的 POS 刷卡实现无现金结算，银校互联模式更加高效、安全和便捷。通过银校互联无现金支付功能，由会计通过账务系统录入支付信息并发出付款申请，完成学校银行账户与其他单位账户或个人银行卡之间的资金划转，出纳人员无须二次录入。其中，对私支付时，报销人员无须再到出纳处排队报销，报账款（或借款）直接打到报销人卡上，有效缩短了报销人员的等待时间；对公支付时，在会计凭证录入时输入对方单位、开户行、账号，然后由出纳发起交易进行支付。

该项技术的实现可以进一步优化财务工作流程，减轻财务人员工作强度，提高财务工作效率和服务质量，缩短经费支付的结算时间，降低支付流程差错率，减少现金保管的成本与风险，对加强财务内部控制起到关键性作用。

5. 搭建财务智能综合分析平台

为解决财务数据转化报表报告数据的难题，减少简单繁重的统计分析工作，提高财务数据转化效率，财务部门应深入探索并开发按需生成报表的信息系统，创建一键生成的财务报表平台。该平台上连财务管理信息系统，下接财务智能报账系统，通过利用日常报账、记账等电子信息化流程收集整理部门决算报表、教育经费统计以及相关专业认证财务数据统计等所需的基础数据，一键生成部门决算等各类基础财务数据表，为后期成本核算打下基础，为提升大数据分析能力做准备。

6. 建立财务智能数据交互平台

目前，高校在信息化建设发展进程中，财务系统、人事系统、科研系统、资产系统相互独立，存在着无交集的工作模式。由于软件接口没有实现串联，形成了一座座数据"孤岛"，部门间相互提取数据时需要借用人力，信息传递时效性差，共享能力低。对此，提高信息系统集成度，打造业财融合体系已迫在眉睫。针对此现象，高校财务应搭建财务系统与资产系统、人事系统、科研系统、后勤系统等相关职能业务部门的数据交换管理模式，充分发挥财务信息在资产部门、人事部门、科技部门、后勤部门的数据共享优势，降低成本的同时提高财务服务水平。

（二）区块链技术应用于高校财务管理

区块链是由多个独立的区块形成的链状结构，每个独立的区块被视为区块链的节点，当其中任一节点发出通知或修改信息时，系统会以广播的方式自动通知其他节点。区块链本质上是一种去中心化的链状结构数据管理技术，各节点都能够独立记录且可以监督其他节点的数据变化情况。因而，这种信息记录方式更真实可靠，数据很难被恶意篡改，安全性较高。区块链技术特点符合高校财务管理安全、透明、真实和完整的要求。在高校财务管理活动中引入区块链技术，有助于帮助高校转向价值创造型的财务管理方式，并提高高校财务数据的安全性与透明度。

1. 区块链技术在高校财务管理中的应用价值

（1）保障高校财务数据完整、安全。区块链技术的一个重要优势就是安全性强，区块链的各节点都是按照时间顺序构建的一种完整链式结构。第一，区块链基于哈希函数对数据加密，安全性极高，且修改信息时能够通过记录时间戳追溯，有效保障了数据信息不被恶意篡改和伪造。第二，在区块链财务管理系统中，写入区块链模块的数据，只有匹配了智能合约中不同节点的全部条件，系统才会生成财务数据，这种智能化数据写入方式，可避免各节点人工操作可能导致的数据录入偏差，确保了数据的完整性和准确性。第三，区块链系统中明文、密文之间的转换必须使用私钥才能完成，因而大大提高了系统的安全性。

（2）确保高校财务数据真实、透明。区块链技术本身具有开放性，基于区块链技术构建的财务管理系统是开源的，从每个节点都能够调取实时的财务信息，每个节点经过授权后也可以对财务信息进行修改和更新，且系统会自动通知给其他节点。在区块链技术支持下，只要得到系统授权，高校各类财务信息均可以对系统用户开放，并可以从公共接口进入系统，查询相关财务信息，因而极大地提高了高校财务的透明度和真实性。此外，基于区块链技术构建的高校财务管理系统，智能化水平较高，每一笔账目的交易轨迹和交易时间都可追溯，并以固定格式被系统记录和存储，无法非法篡改，保障了数据的真实性。

（3）促进高校财务数据资源的共享。区块链技术具有较高的兼容性，可以匹配 B/S、C/S 等多种网络架构。基于区块链技术的高校财务系统建设，不需要全盘推倒现有的财务管理系统，不需要耗费大量的人力、物力、财力，只需要做优化升级，因而可为高校节省大量成本。针对现行高校财务管理系统数据分散、共享率低、容易产生信息孤岛效应的不足，引入区块链技术，可大大提升系统响应速率和财务信息资源的共享化水平。同时，区块链技术通过架构补充协议，也可以与当下主流的大数据、云计算、人工智能等技术相融合，因而可动态性地提升高校财务数据的共享化水平。

2. 基于区块链技术的高校财务管理系统架构

基于区块链技术构建的高校智能化财务管理系统一般由用户层、应用层、业务层和数据层构成。

（1）用户层。基于区块链技术构建的高校智能化财务管理系统的用户层主体包括高校财务管理部门、决策部门、科研部门、后勤部门和校外的与高校有业务往来的用户等。用户在经过系统授权后，可以从任何节点进入系统检索信息和提取数据，且能够在节点权限范围内发布信息或修改信息。不仅由管理员指定的高校财务部门可以对系统进行日常维护、运营，开展财务数据管理工作，外部的审计单位、税务稽查等部门也可以通过外部端口进入系统，核查高校财务管理情况及数据的真实性。在智能化财务系统中，各项工作均可以远程在线完成，因此工作效率得到了显著提高。

（2）应用层。基于区块链技术的财务系统应用层终端可以是电脑、移动智能手机、平板和其他的用户端口。用户在经过授权后可以从不同端口登录到系统，而利用区块链中的智能合约机制可控制各个节点的操作合规性，有效保证检索数据、录入数据及修改数据的安全性。同时，由于区块链技术可以兼容大数据、机器学习、云计算等技术，因而有效解决了财务系统应用层可能存在的用户数据录入、数据共享和交互时格式不统一的问题。此外，通过区块链建立的数据对接机制和数据共享平台，用户在移动端使用 App、微信小程序等工具也可进行数据录入、共享等操作，大大提升了财务管理效率。

（3）业务层。业务层是系统的核心功能层，主要包括业务节点和基于智能合约机制的业务模式。①业务节点。高校财务系统的用户通过应用层与业务节点建立联系，节点数量可以根据系统用户人数、系统结构与业务拓扑结构的复杂程度确定，每个节点都应具有相同的权限和相同的信息收发功能。节点按类别划分可分为内部节点和外部节点两种，内部节点负责高校内部业务的核算和各部门之间的沟通联络；外部节点负责与其他单位进行信息沟通，区块链系统可以授权外部节点的一些权限和功能，以提高协同业务办理的效率。②业务模式。各业务节点通过智能合约机制与财务管理系统的预算模块、核算模块及收支模块建立联系，三大模块几乎覆盖了高校财务管理的全部业务形态。基于区块链技术的智能合约机制，业务系统可自动匹配执行代码，并完成财务数据的录入、检索、调取、修改和删除等操作。第一，在财务预算模块，智能合约机制以管理者的财务决策和以往年限的历史数据为触发条件，作出全面预算方案，再依据财务部门统计的真实数据修改和完善财务预算，使财务预算更具指导性。利用区块链技术，结合大数据、机器学习算法，可以辅助财务部门和高校的高层管理者作出更科学的决策。第二，在财务核算模块，通过智能合约机制可生成财务核算报表。智能合约通过写入按照新会计准则编制的代码、程序和触发条件，具体包括记账过程、成本核算过程、资产清查过程和报表生成过程等，可根据约束条件自动生成财务核算报表。第三，在收支业务模块，通过智能合约机制可实现收支业务的自动记账与存储：根据收支业务记账明细设置账户、设置触发条件，如果区块链系统中的节点完成记账，且认可数据的真实性和准确性，那么该笔收支业务即被宣告完成，与之对应的财务数据也将在系统中同步被储存。

（4）数据层。数据层由若干小数据块构成，数据块的数量可根据高校相关财务数据的规模确定，数据层可视为区块链技术下财务管理系统的数据库，具有两项基本功能，一是采用分布式的数据存储方式，负责存储海量的财务数据；二是负责调用和执行财务数据处理程序。以区块链为技术基础的高校财务管理系统的数据存储采用的是去中心化的方式，不同的业务类型可选择不同的数据存储方式。由于数据块的存储方式通常是不同的，因此数据块完成数据处理后，系统会自动加盖时间戳，只有当数据块中全部业务节点审核一致后，相关财务数据才会转换为哈希函数值封装到对应的数据块中。这一数据处理方式可确保高校财务数据的安全性。

3. 区块链技术在高校财务管理中应用策略

（1）加大资金投入，升级区块链系统硬件。区块链技术的应用，虽然打破了原有高校财务管理系统的中心化记账模式，但其具有良好的兼容性和适应性，原有的高校财务管理系统仍可以继续使用，只需要在原有财务系统的结构上增加业务节点并延伸系统的拓扑结构，便可确保各节点具有相同的功能和数据处理权限。利用区块链技术对原财务系统进行升级和改造，无须投入过多的资源，财务系统的数据处理能力便可得到巨大提升。当然，为保证升级后的高校财务管理系统稳定性，仍需要投入一部分资金对各节点的硬件设备进行升级，如提高 CPU 算力、加大内存性能、更换性能更强的区块链路由器等。如果财务管理系统的节点较多，还要增强中央处理器、图像处理器和网关的性能，以满足高校财务管理系统的正常运行。

（2）通过优化软件，提高财务系统安全性。尽管基于区块链的财务管理系统的安全性较好，但是在开放的网络环境下，智能化财务系统也将面临来自网络的攻击——由于区块链系统节点众多，受到网络攻击的风险仍然较大。因此，高校财务部门应通过优化软件，提高财务系统安全性。一方面要重视安全防御软件的优化，以增强系统主防火墙的防御功能，提升入侵检测系统灵敏度，当出现恶意程序攻击时及时定位和预警；另一方面要改善各种财务系统软件的运行环境，通过不断地升级软件和提升软件兼容性来减少网络系统的漏洞，提升高校财务管理系统的软件防御性能。此外，还需要定期升级各节点的操作系统，确保整个高校财务管理系统稳定运行。

（3）实施财务管理过程管控，降低财务风险。区块链技术被引入后需对原有的高校财务管理工作流程做出优化和调整，并对高校财务管理的全过程实施管理和控制。区块链技术模式下，高校财务管理的失范风险依然存在，过程管控的理念是对每一条节点链路均实施控制，确保能够识别到风险点，并及时采取措施消除风险。一方面要对高校财务系统的预算模块、核算模块和收支模块的业务流程进行重新优化；另一方面要充分利用区块链技术分布式记账的优势，实现财务信息的充分共享，降低系统性财务风险。在实践中，可先按照内部节点和外部节点分别设置不同的业务场景，再根据具体的业务场景设定与之对应的智能合约及触发条件。

（4）优化区块链技术应用的法律和制度环境。区块链技术是新生事物，区块链技术在高校财务管理中的应用尚处于试点阶段。基于区块链技术的高校财务管理工作和财务数据核算方式，必须满足现行会计准则的要求，且要受到相关法律条款的保护。从现行的会计法律制度体系来看，还没有针对区块链技术应用的相关法律条款，国家立法部门和财政部门应尽快出台相关的法律条款、行业标准和操作规范，以优化区块链技术应用的法律环境和制度环境。制定完善的法律规章与制度规范，既有助于保障高校的基本权益，也有利于相关部门对高校财务工作实施监管。

（5）做好复合型人才培养工作。一方面将区块链技术应用于高校财务管理实践，需要对现有系统进行升级和改造，而区块链技术的专业性较强，因而需要从外部引入或在高校内部培养区块链领域的专业人才，做好财务管理系统的设计、安装、调试和维护等基础性工作；另一方面要对高校财务部门人员、其他部门节点数据录入人员等进行专业化的区块链技术培训。未来，随着区块链技术的发展及区块链与高校财务工作的深入融合，高校需要大量既懂财务管理知识，又能掌握基本区块链技术、大数据技术、人工智能技术等新技术的复合型人才。因此，高校应做好人才培养工作，以应对高校财务管理工作发展。

（三）　应用"互联网+"对高校财务管理进行优化

1."互联网+"理念对高校财务管理的影响

（1）传统的财务管理理念不符合"互联网+"智能化的要求。高校财务管理理念的战略性和前瞻性较差，过度专注于基础的核算业务，尤其是传统的财务管理流程中，物资采购、用印、招投标等专项业务审批和财务报销审批、原始票据的审查和复核，收付款业务、政策咨询等均需要进行线下的"面对面"签批、审核、沟通和反馈。全流程的稽核、剖析欠缺，财务数据的应用不足，往往造成信息滞后性严重，无法为财务决策提供数据支撑。这就要求高校财务部门积极转变思想，由"线下"管理模式转变为"线上"为主+适度"线下"的管理模式，加快财务信息化的建设。

（2）传统的财务服务手段不符合"互联网+"精准化的要求。高校财务部门除了财务管理职能还兼具政策宣贯、业务咨询、项目预决算指导等财务服务职能，传统的财务服务手段以召开专题会议、举办宣传活动、进行业务培训等"线下"模式为主，这些方式受制于场地、设备、时间等条件的影响，服务的广度和深度均有所欠缺。这就要求高校财务部门拓展服务手段，推广"线上"服务，向轻应用移动化方向发展。

（3）传统的信息化平台不符合"互联网+"科学化的要求。近年来，随着大数据、云计算、物联网等信息技术的迅猛发展，高校的人事、教务、资产、科研等职能部门也逐步加强信息化建设，开发了相应的业务管理系统，但是受制于系统开发时间、管理要求、系统运作模式等因素，造成数据无法实现实时共享。特别是基于财务数据的安全性考虑，大部分高校将财务平台建立在校内局域网中，与其他业务管理系统之间的互联互通程度较低。"互联网+"技术推动数字经济、远程办公、在线教育等技术的快速发展，经济社会深度线上化发展已成为新的共识。这就要求高校财务部门加强信息化建设，建立一套集核算、管理、服务为一体的互联网端的财务管理系统，提高管理效率。

2. 应对"互联网+"影响的高校财务管理优化方案

（1）聚焦主责主业，优化财务管理流程。首先要转变财务管理思路，以"互联网+财务"为指引，将高校财务由核算型向管理型转变，弱化会计核算、收付等基础性业务，加强预算管理、财务分析、绩效管理、风险控制等管理型业务，发挥财务管理在高校重大决策中的作用，促进高校管理水平的提升。其次要重构财务管理流程，管理流程由"线下"管理向"线上"为主+适度"线下"管理转变。高校财务部门应及时对耗费大量人力、物力的"面对面"业务进行梳理和调整，将物资采购、用印、招投标等专项业务审批、财务报销审批、票据申领、退单处理、政策咨询等业务调整为以网上办、预约办为主，现场办为辅的模式，提升工作效率。最后，试行学院和项目组财务助理制度，逐步推进财务专员对接服务制度。教职员工将原始单据电子凭证发送给财务专员，财务专员对原始单据预审后统一进行网上预约，能够提高报销质量，减少退单，解决师生"报销难"的问题。财务专员深入项目前期论证、中期执行、后期评审的全过程管理中，能够提高预算编制的科学性和项目使用的合规性，提升项目的使用绩效。

（2）创新工作思路，优化财务报销模式。财务部门作为重要的保障部门，有效保障高校教学、科研、行政管理等各项工作顺利开展，相关业务应能保证及时开展，因此必须对财务报销模式进行优化和升级。利用OCR程序、网上审批及电子签章技术等智能化手段，可以脱离固定场所的限制，审批业务可以根据轻重缓急进行排序，提高审批效率，增强业务处理的灵活性和便捷性。

（3）强化服务意识，优化财务服务手段。在"互联网+"背景下，财务服务要从传统"线下"服务模式向数字型、实时型的"线上"服务模式转变，实现"信息化一小步，财务服务一大步"，拓展服务的广度与深度。建立网上财务平台，构建"在线、实时、互换"的智能化财务服务体系，比如设置自助投递机，实现24小时接单、退单服务，为师生提供更便捷的服务；完善预约报销物流式管理系统，方便师生实时掌握报销进度及支付情况；完善网上缴费系统，增加第三方支付平台，拓展缴费渠道；会计凭证影像化，实现从凭证到附件的联机查询，报销人员可以随时下载图像文件，便于项目审计和验收；通过网站、OA系统、网络直播等形式，增强财务政策宣传宣贯力度。建立移动财务平台，推行"微财务"管理模式，积极向轻应用移动化方向发展，比如开通财务微信公众号，增强信息传播的时效性，拉近师生距离；推广智能手机用户专属"财务综合App"，实现移动端查询、快速智能报销、移动审批、发票验证、信息推送、个人报表等功能，信息输入输出更方便、更及时。

（4）突出人才导向，优化财务人才结构。财务管理的优化和改革，财务人员发挥至关重要的作用。首先是高校财务部门的管理者，要提高政治站位，以学校发展为统领，及时更新观念、创新思维，树立"以人为本"的理念，重视人才培养，通过专项业务视频会议、微课堂、短视频平台等多种线上学习形式组织人员培训学习和继续教育。其次是基层财务工作人员，要积极提升自身的业务水平和专业能力，增强财务数据的处理、分析能力，提升信息化管理水平，由专业型人才向复合型人才转型。最后，高校人事部门、组织部门应从职称改革、职务晋升等方面引入财务人员的工作绩效考核机制，调动财务人员工作的积极性和主动性。

（5）拓展数据共享，优化财务管理系统。"互联网+"场景推动了数字经济、远程办公、在线教育等信息技术的快速发展，在此基础上借助"智慧校园"平台，建立以财务综合信息管理平台为核心的综合管理平台，该平台具有预算管理、账务核算、财务分析功能，实现与学生收费、工资酬金、票据管理、档案管理等子系统的互联互通，实现财务从预测、决策到执行、监督、考核等全业务周期的管理与控制，提高财务管理水平。通过开放、安全的统一身份认证和信息门户与数字化校园无缝对接，实现业务申请、信息查询、业务审批、信息反馈的线上化，增强业务处理的灵活性和方便性；通过共享接口与学校采购、资产、人事、科研、教务、学生、一卡通等管理系统交互对接，实现跨部门业务数据的实时共享，跨部门业务流程的融合和统一，有助于消除信息孤岛，促进信息的高效传递；通过与商旅平台、财政电子票据系统、税控电子票据系统、第三方支付平台等外部系统的对接，打破传统工作模式，实现智能读取差旅信息、智能读取票据信息、智能识别票据真伪、智能资金电子划转等功能，提高工作效率，资金监控更加安全精准。

第三节　医院财务管理及智能化建设

对于医院的财务管理而言，是指对医院资金、资产和现金流的管理，可以借助有效的经济性管理活动，满足医院的发展需求。同时在信息化的发展背景下，需要医院财务管理工作注重对信息技术的应用，在借助新技术对财务管理制度、成本管理、资产配置等工作进行升级后，可以提高财务管理的质量及效果。具体到当前医院财务管理的特点而言，基于信息时代发展的影响，有着财务数据共享性和云端性的特点，可以借助互联网信息技术使数据实现云端化，且能对各项财务数据进行精准分类和高效率处理，充分挖掘数据的隐藏价值和进行数据共享，能增强各部门间的发展协调性。

一、医院财务管理的不足

（一）预算管理不合理

目前医院进行财务管理时在预算管理方面存在着一些问题，主要体现在预算的编制、预算的执行和预算的考核上：第一，在选取预算的编制方法时，常见的方法有增量预算法、零基预算法、固定预算法、弹性预算法、定期预算法、滚动预算法等，较多医院仍习惯性应用传统的预算编制方法，其中增量预算法的应用频率较高，单一的方法可能导致预算目标缺乏科学性；第二，在预算的执行中，存在着科室随意调整预算项目和增减项目预算的问题，且在资金实际使用过程中未结合项目预算，容易出现支出无预算或超预算的问题；第三，在预算的考核中，部分医院缺乏可操作性的预算考核管理办法，其考核指标也大多局限于财务指标，使考核工作的内容较为局限。

（二）财务分析和成本管理不够完善

医院的财务管理会涉及较多的业务类型和领域，有着较高的变动性和复杂性，因此在进行财务信息的处理中需要财务人员加强数据分析和成本核算的工作。不过受到员工工作积极性低且能力不足的影响，未能及时应用新的数据分析方法和核算标准，因此在仅关注记账、整理财务档案等基础性财务工作后，不能提高财务管理质量。同时，在成本核算体系不健全的影响下，现有的成本核算也存在标准缺乏精确性与难以落实的问题，不利于发挥财务管理的价值。

（三）资产管理缺乏规范

首先，当前部分医院的资产管理缺乏对应的管理制度，因此在固定资产的管理过程缺乏规范下，不利于定期检查固定资产的使用情况和做好更新账目数据等工作，制约了医院财务管理工作的开展。

其次，医院在流动资金的管理上也缺乏重视，在未考虑内部资金的流动需要而盲目进行医疗设备、器械等方面的采购后，非流动资产占用过多资金，致使流动资金储备不够充裕，可能产生财务控制风险。

（四）财务管理风险因素较多

首先，医院财务管理风险中，主要有以下两个方面：第一，当医院发生的债务关系数量多且数额大时，存在有限的资金无法偿还高额的债务费用问题，进而使医院在偿还债务能力受到了限制，存在一定的风险；第二，在医院资金使用过程中，医院配置各项资产时资金分配不合理，容易提高医院资金的周转期，进而会存在资金链条断裂和现金流恶性循环的问题。

其次，在智能化支付管理风险中，既体现在第三方支付的安全性上，也体现在支付服务费用比例较高对医院运行成本的影响。此外，在信息化软硬件的应用存在信息泄露和损坏时，也会对财务管理造成影响，需要医院提高对财务管理风险的重视。

（五）信息技术的应用不足

首先，部分医院的职能科室仍在使用传统的人工业务信息处理方式，在稳定性、精确度和效率上较低，不能及时准确地给财务管理提供有效数据。

其次，部分医院虽然关注各职能部门信息技术的应用，但未关注在配套的综合业务管理系统与财务系统之间搭建桥梁，很多业务及经营信息不能有效转化为财务数据，不利于实现业财融合。

最后，部分医院未结合自身发展需求开展财务管理系统的信息化升级，缺乏各财务管理功能模块之间传输系统的构建，不能实现财务数据共享，制约了医院的发展。

（六）财务复合型人才短缺

在新时期医院的发展中，基于人民生活水平的不断提高，对于医疗服务的要求也在不断增加，在医院运行压力较大的情况下，需要借助人才的支持，提高各项工作的质量及效率，最终满足医院的发展需要。不过结合部分医院的财务管理工作来看，既缺乏先进的管理意识和岗位素养，也缺乏信息化的管理技术和新技术操作能力，进而限制了财务管理工作的开展，因此需要做好改进工作。

二、医院财务管理的优化

（一）提高预算管理的质量

结合医院常见预算管理问题的分析，需要医院做好改进工作，具体有以下方面。

第一，医院要认识到预算管理的价值，在基于医院长期发展的战略规划中，发挥预算管理的全过程跟踪作用，确保在完成全口径预算指标的制定后，实现事前、事中和事后的预算管理工作。

第二，需要对预算管理体系进行完善，既要对预算管理组织架构进行明确，也要做好具体的岗位划分及职责义务的明确，为预算管理的工作开展奠定基础。

第三，要提高预算的编制效果，应合理应用"二上二下"的工作流程，提高预算编制的合理性与可行性。

第四，对考核内容进行完善，既要涵盖对绩效目标完成情况的考核，既对经营业绩进行考核；也要包括对预算组织工作是否到位进行考核，即对责任主体的考核。例如：预算编制是否准确、预算控制是否有效、预算调整是否按流程进行等。

（二）建立健全成本核算体系

为了控制医疗资源的浪费和解决业务成本核算精度低的问题，需要医院在财务管理工作中强调成本核算体系的完善，提高财务管理和财务分析的水平。具体需要做好以下几点。

第一，需要财务人员对各科室发生的支出进行有效分析，在基于对业务科室进行成本核算和成本分析时，还应学习其他行业较为先进的管理经验，确保成本核算体系能够更加完善，最终结合预算编制计划，对经营收益及经营成本进行有效管理。

第二，要结合日常成本核算工作的问题进行对应的核算制度完善，确保制度的健全及优化具有针对性，提高成本核算工作的可靠性。

第三，为了有效健全成本核算体系，还应在财务档案中详细记录医疗服务资费的价格变化，同时细化财务的支出项目，开展更为精细化的核算，提高成本核算的落实价值。

（三）加强医院内部资产的管理

在医院的财务管理中，为了满足医院的经营效益需要，应加强内部的固定资产和流动资产的管理，提高财务管理的效果。具体有以下几方面。

第一，在固定资产的管理中，需要先对固定资产的管理制度进行完善，确保在制度的引导下，明确固定资产的管理目标，有效记录固定资产的种类及数量，提高固定资产的管理效果；在进行资产采购时，需要各科室根据预算结合自身实际情况进行固定资产需求的上报，通过审批后进行采购工作；同时，资产管理人员会同财务管理人员应定期对固定资产进行盘点，登记盘点表，分析盘盈、盘亏的原因并形成盘点报告；在资产需要报废时，经审批后及时报送给财务科进行账务处理，提高固定资产的管理质量。

第二，在流动资产的管理中，医院要严格控制并管理应收账款，形成财务科与业务科室共同参与的管理机制，及时联系欠费患者及家属进行催收，提高医院流动资产的管理质量。

（四）关注医院财务风险的管理

结合医院财务风险对财务管理的影响，需要在新时期的财务管理中提高风险管理的意识，使医院的财务管理具有安全可靠性。具体要做好以下几点。

第一，需要结合新时期下医疗改革对医院财务管理的要求，推动医院高质量发展，围绕"提质增效"的发展目的，对现有的财务管理模式进行创新，降低财务风险。

第二，需要对财务各环节的管理实践目标进行设计。首先，在预算管理中，需要积极对现存的资金流向进行分析，确保资金使用计划具有合理性。其次，在收支管理中，需要结合收支平衡的原则，降低超额支付的风险。

第三，需要完善医院财务管理的运行体系，结合各项财务管理的规范要求，将业务系统与财务系统对接，实现业财数据的融合，将各环节的内部控制要点嵌入信息系统中，从而降低财务风险。

第四，需要建立风险识别防控机制，建立规范合理的财务监督和评价体系，通过提高风险预测能力和严格落实内部审计管理制度，来降低财务管理风险。

（五）积极引进信息化科学技术

基于信息时代的发展，通过合理的信息技术应用，可以提高医院的财务管理质量及效率，具体的引进应用有以下方面。

第一，需要结合大数据技术、云计算技术和互联网技术，合理搭建跨部门的数据交换网络及在线交流平台，可以有效地提高内部数据的沟通、传输及分析效果，为财务管理活动提供数据支持，确保其工作具有精确性和有效性，不断降低财务风险。

第二，在财务数据应用中，可以借助信息技术相关设备的引进，缓解财管人员在信息登记及支出项目核算上的工作压力，有利于医院人力资源管理部门重新进行人力调配，实现成本的节约及工作质量的增强。

第三，结合信息技术的业务处理价值，在重复性高和信息辨识能力强的业务中可以发挥良好的处理效果，进行智能化的处理还能结合预设的财务核算标准和财务指标，实现自动化的报账和电子化档案的生成。因此，医院财务管理需要提高对引进信息化技术的重视和应用。

（六）培养高素养财务管理人员

结合当前各行业的发展来看，企业与企业之间的竞争其实是人才和人才之间的竞争，需要医院在提高财务管理的工作质量中，加强对财务管理人员综合能力及素养的重视，有效的人才队伍建设可以为财务管理工作提供人才支持。具体需要做好以下几点。

第一，需要医院做好财务人才的招聘工作，具体招聘的开展既要明确招聘信息中的岗位要求，也应明确对应聘人员的考核工作，确保在有效的招聘中，快速完成财务人才队伍的建设，增强财务管理的质量。

第二，医院需要提高对培训的重视。首先，要对培训内容进行完善，既要针对实际财务管理出现的人为因素问题进行培训内容的补充，也要考虑新时期对财务人员向管理型转变的要求进行培训内容的完善，增强培训效果。其次，要对培训方式进行选择，参考线上培训所具有的时间、空间影响性小的特点，线下培训具有学习氛围的优势，医院结合实际需求做好选择。

第三，需要落实一定的考核工作和奖惩措施，可以激励财务人员在工作中的积极性，提高财务人员的岗位素养及能力，发挥财务管理的效果。

三、医院财务管理的智能化建设

（一）医院财务管理智能化建设路径

1. 打牢全面预算管理基础

《国务院办公厅关于推动公立医院高质量发展的意见》要求，加强全面预算管理，以医院战略发展规划和年度计划目标为依据，实行全口径、全过程、全员性、全方位预算管理。预算管理工作是提升医院整体竞争力、优化资源配置的重要手段。实现医院财务智能化管理，实行全面预算管理是重要的突破口和关键点。

首先，形成"二上二下、上下结合、分级编制、逐级汇总"的全面预算编制程序。第一，由预算归口部门及预算科室编制年度预算，经财务部审核及汇总后形成第一轮预算草案，提交至预算管理委员会。第二，由预算管理委员会结合医院年度目标及资源布局，对预算控制数进行细化及调整。第三，预算归口部门及预算科室在此基础上修改年度预算，再经财务部审核及汇总形成第二轮预算草案，由预算管理委员会上报至医院决策部门共同讨论通过后，下达预算指标。第四，预算科室据此执行预算，并通过预算管理系统，实时检查预算执行情况。

其次，完善 PDCA 循环预算管理持续优化流程。以 P（Plan 计划）—D（Do 执行）—C（Check 检查）—A（Act 处理）为循环进行全面预算管理。贯穿预算的编制、审批、执行、监控、调整、决算、分析、考核等环节，对全面预算管理现状进行分析并发现问题，针对主要原因，提出解决措施并执行，检查执行结果，总结成功经验，制定相应标准，而未解决或新出现的问题转入下一个 PDCA 循环，不断完善医院的全面预算管理，推动医院全面预算的科学化、规范化、精细化管理。

2. 建成预算管理和核算、成本、绩效管理一体化

在实现全面预算管理的基础上，实现体内循环，借助信息技术，打造能将全面预算管理、财务核算、成本管理及绩效管理各系统无障碍融合的一体化信息平台。

首先，预算编码使用全院统一的会计科目字典，使预算管理系统与财务核算系统关联，凭证填制并完成审核后，自动核销预算指标，实现两者数据同步。

其次，成本管理系统的项目编码同样采用全院统一的会计科目字典，按照医院管理需求设定各项目成本模块，与财务核算系统同步更新数据，按设定好的逻辑关系自动计算各项目成本，可实现全成本管理的动态监控。

最后，绩效管理系统数据同时更新，按照医院管理要求设置好的各绩效考核模块及目标，自动识别并统计数据，提供可视化执行结果，实现管理部门可时刻进行监控预算绩效执行情况的效果。

3. 财务+业务：实现业财一体化

传统的财务会计反映过去的财务状况和经营成果，与业务部门分工分离，无法实现业财融合，而以大智移云物区块链新技术为基础的会计核算，可催生真正的业财融合。医院财务智能化建设需摒弃过去财务核算仅作事后记录、提供财务报表的核算与反映功能，利用信息技术，实现财务与业务的深度融合。

首先，财务先行于业务，参与整个医院运营管理系统顶层设计及具体业务流程设计，制订标准化格式，统一数据口径，明确数据逻辑关系。其次，实现凭证自动化生成。财务核算系统通过对接医院收费系统、OA 报账系统、药品耗材管理系统等，自动生成凭证及财务所需报表。最后，打破各信息系统之间的信息壁垒，实现数据联动，通过信息技术汇集有效数据，最终形成集大成数据库。

4. 达到财务智能化

信息技术的发展极大地推动了社会的发展，电子化病历、移动支付、5G 技术、线上OA 办公等现代化信息手段也极大地推动着医院向智慧管理的方向迈进。首先，初步建立医院智慧管理信息系统，实现高级业务联动与管理决策支持功能。其次，通过新技术特别是大数据、物联网、人工智能，对医院的业务活动进行总结过去、反映现状，通过虚拟技术，预测未来发展趋势，为医院发展指明方向。

（二）医院财务智能化建设具体应对

1. 完善组织架构，细化管理层级

根据公立医院的公益属性，结合其运营管理架构及信息传递流程，医院的组织架构一般可以分为三个层级，分别为业务管理层级、财务管理层级、决策管理层级。其中，业务管理层级包括医技部门、医疗辅助部门及部分行政后勤科室，负责开展医疗业务、提供医疗辅助及全院后勤保障；财务管理层级包括财务部、绩效科、预算管理部门，负责会计核算、成本核算、绩效管理及全面预算管理；决策管理层级包括院领导及部分职能科室，负责制定并修订制度、集体决策、统筹调配资源等。各层级管理系统按岗位职责分别赋予各职工相应的操作权限。

2. 强化顶层设计，做好全局规划

（1）转变领导观念，推动财务管理智能化建设。公立医院履行政府赋予的健康服务使

命与责任，以公益性为特点，不以营利为目的，而一贯以来公立医院存在重临床轻运营管理、财政投入不足、收不抵支的现象。粗放型的管理已经不适合现代医院的发展，为推进医院持续的良性发展，医院决策层应转变运营思维，在运营管理中控成本，抓效益，以财务管理为抓手，以信息科技为支撑，以人才为引领，以政策为保障，促进业财融合，推动财务管理智能化建设，打造智慧医院管理模式。

（2）注重体系建设，促进业财融合。目前大部分医院已实现信息化运营，如 HIS 系统、PACS 系统、EMR 系统、LIS 系统等，为医院开展医疗活动、日常行政管理事务带来极大的便利。但系统的建设往往应需求而立，随着系统越建越多，相互之间的数据交换逐渐变得繁杂，传输受阻，容易形成信息孤岛。为推进财务管理智能化，促进智慧医院建设，运用信息化手段搭建医院一体化运营管理平台，强化顶层设计及全局规划变得至关重要。

首先，按照数据传输与集成的路径，建立由下而上的数据集成体系，借助各类成熟系统的成功经验，根据医院信息化的现状和需求，搭建医院一体化的运营管理平台，形成数据中心，以数据平台为依托，对海量数据进行整理、归集、上传，将业务系统与财务系统无缝对接，实现财务系统的实时化和自动化。

（3）加强人才输送，引领财务管理智能化建设。目前，医院财务人员工作经验丰富，能熟练运用账务处理软件，但也一般止步于对软件的使用，对管理层要求的各项指标或报告，通常从各系统抓取数据后，手工计算并反馈结果，离实现财务管理智能化仍有较大距离。在医院的财务管理智能化建设中，财务人员作为战略地位角色，其作用不容忽视。首先，加强内部财务人员系统化的信息化培训与学习，了解现行信息技术对财务管理平台搭建途径的帮助及智慧医院管理信息科技的发展动向。其次，优化招聘流程，吸引具备优秀学习能力的毕业生及拥有先进财务管理经验的员工，为财务团队注入新鲜血液。最后，内外整合，打造具有扎实财务专业功底和具备信息化智能化知识的财务团队，为建设财务管理智能化提供人才储备。

3. 配置所需资源，架设应用环境

首先，选取资质过硬、信誉良好的软硬件供应商，架设医院财务智能化应用环境。大规模、全局性应用系统的功能和性能往往需具备综合性，其设计理念、技术体系等方面需要做到先进性与成熟性的统一。因此设备及软件尽可能从合格的供应商中统一采购及管理，以满足系统在很长的生命周期内有持续的可维护性与可扩展性。

其次，信息化手段给医院运营带来便利的同时，保证网络环境安全变得至关重要。除服务器扩容、定期备份、建立高级别防火墙外，同时注重用户认证、权限控制管理、通信数据加密、无线局域网防护等，将信息安全作为整体来统筹解决，形成安全可靠的信息环境。

4. 整合业务流程，提升数据质量

公立医院财务管理智能化建设的核心是基于数据与流程的贯通，从而实现财务管理与医疗业务的相互融合。从公立医院信息化管理的现状来看，各业务模块已按实际需求建立起系统，但财务管理的信息化建设一般限于自身建设，在会计核算、财务预算管理等方面依然需要大量手工操作，如手工登记经费本、手工录入凭证、逐个科目余额与业务系统对账等，财务与业务分离状况依然存在。业务系统产生的大量数据冗余，无法得到有效应用，而数据口径与标准的不一致，导致数据质量欠佳。

首先，应梳理现有业务流程，摒弃重复无效的环节，重新整合高效、畅通的业务流。一是事前审批流程。明确各流程关键风险点，设定事前审批关键要素，如按报销单据按资金额度设置审批流转路径，自动链接预算管理系统匹配预算额度等。二是事中账务处理流程。通过 OCR 识别技术自动校验发票合法性及提取关键信息，提取合同中关于收款方、付款条款等有效信息；完善各系统间的钩稽关系，根据内置规则自动生成凭证，并自动归集到科目明细账、总账，最终形成财务报表。三是归档与档案查阅流程。自动储存有关信息，形成电子会计档案，按权限设定提供检索、查询、打印等功能，实现全链条自动化。

其次，制订标准模板，保证原始数据口径一致。目前大量的线下操作，导致部分前端原始数据口径不一致，如发票销售方名称与合同名称不一致、系统上未及时更新变动的科室名称等，原始数据的口径不一致，导致最终信息质量存在瑕疵，影响决策。因此，制订标准的模板，规范原始数据，方可给医院后期的精细运营化运营管理提供助力，提供行之有效的决策支持。

5. 信息协同共享，数据驱动决策支持

传统的财务将数据层层压缩，最终形成财务报表，成为最小数据集，使数据失去价值。围绕医疗安全与医疗机构管理精细化目标，利用大数据技术搭建数据交换平台，打破财务系统与业务系统相互独立局面，建立医、教、研、人、财、物"六位一体"的管理系统，实现数据的有效集成与信息共享，促进财务管理智能化发展及医院的智慧建设。

财务部门作为天然的"数据中心"，借助数据交换平台，对数据进行有效归集、分析、比对，形成管理数据库，对异常情况发出预警，促使管理层及时调整决策，达到风险管控目的。通过各财务系统不同的功能，形成如预算管理、成本管理、绩效管理等不同维度的医院运营效果展示，使医院决策层对医院运营进行行为监督、综合评价，并提供科学的决策支持。

第四章　财务分析理论与方法

第一节　财务分析的内涵及作用

一、财务分析的内涵

（一）财务分析的概念

"财"，即财产、资金；"务"，即事务。那么，"财务"就是关于财产或资金的事务。"分析"是指把研究对象进行分解并找出本质属性特征和彼此之间的关系，分析认识事物本质的过程。由此可知，财务分析就是对关于财产或资金的事务进行分析，找出相应的财产或资金事务的本质属性特征。

财务分析是为了满足需求，分析者根据预先设定的分析目的，收集被分析企业的所有财务会计资料及其他有关资料，按照一定的原则和判断标准，并运用一定的程序和方法，对所关注的被分析企业的有关财务问题及相关财务行为能力的现实状况、发展过程和未来趋势做出分析的过程。

从概念中，我们可以看出企业财务分析的客体主要是指从事经济活动的企业。我们掌握了企业财务分析理论及方法，就能轻松地对其他从事经济活动的单位或个人做出财务分析。

（二）财务分析的主体和目的

财务分析的主体是指与企业存在一定现实或潜在的利益关系，为特定目的对企业进行财务分析的单位、团体和个人。从本质上讲，企业财务分析的主体就是企业财务信息的使用者。

财务分析的目的是指财务分析主体对企业进行财务分析时所要达到的目的。由于财务分析的主体不同，财务分析的内容不同，因此，财务分析的目的也是不同的。

第一，投资者。投资者是财务报表的主要使用者。投资者将资金投入企业，拥有企业资产的终极所有权，他们是企业经营获利的最大受益者，也是企业经营风险的最大承担者。因此，投资者最为关注的是企业的盈利能力和风险情况。投资者通过对企业盈利能力的分析，可以对企业的整体财务状况进行评价，并进而评价企业经营者的经营业绩。

第二，债权人。债权人主要关心企业能否按期还本付息，他们一般侧重于分析企业的偿债能力。作为长期债权人，不仅关心企业的长期偿债能力也十分关心企业的盈利能力和现金流量的情况，以便为贷款决策提供依据；作为短期债权人，主要关心企业资产的流动性，关心企业的短期偿债能力。

第三，经营管理者。企业的经营管理者需要了解企业的财务状况、经营成果、现金流量及其发展趋势，以及财务状况发展变化的原因和应采取的措施，以便为改善管理的决策提供依据；经理人员的分析内容最广泛，不仅包括财务状况、经营成果、发展能力的评价，而且要对影响企业财务状况变动的原因进行分析，以便寻求提高经济效益、改善财务状况的措施。

第四，企业的供应商及客户。作为供应商，通过对企业财务报表的分析，主要了解企业的信用状况，以便为信用决策提供依据；客户通过对企业财务报表的分析，了解企业的财务状况，据以判断企业的经营能力及产品服务质量，以便为选择进货途径做出正确的决策。

第五，政府部门。政府通过对企业财务情况的分析，了解企业纳税情况、遵守法规和制度的情况；评价国有企业经营业绩等。

第六，职工。企业的职工和工会通过对企业财务情况的分析，了解企业的盈利能力是否与工资、保险、福利相适应。

第七，中介机构。注册会计师通过对财务报表的分析可以确定审计重点；咨询机构通过对企业财务报表分析，可以为各类报表使用人提供专业咨询服务。

（三）财务分析的内容

财务分析的内容是由财务信息使用者对财务分析的要求所决定的。虽然不同的财务分析主体分析的重点不同，但也有共同的要求。企业财务分析的基本内容应包括以下方面。

偿债能力分析。一般包括短期偿债能力分析和长期偿债能力分析两个方面，意在判断企业有无短期偿债能力和长期破产清算的风险。

资产营运能力分析。通过对企业资产占用状况和周转使用情况的分析，评价企业资产的利用程度和营运能力。

盈利能力分析。通过利润额分析和利润率分析，判断企业盈利水平的高低，盈利的稳定性，并预测企业的盈利前景。

财务综合分析。根据上述各单项财务分析内在的普遍联系，从总体上评价企业的财务实力，解释企业财务活动方面的优势和薄弱环节，找出改进理财工作的主要矛盾。

以上各项分析内容互相联系，互相补充，可综合地描述出企业生产经营的财务状况和经营成果，以满足各种财务信息使用者的需要。

二、财务分析的作用

（一）使企业的经营管理得到改善，提高经济效益

企业管理人员只有在全面掌握企业经营管理全过程的情况下，才能有效地进行指挥、控制和决策等管理活动；这些管理活动的最终结果可以通过财务指标反映出来。因此，通过分析财务报表可以表现出企业管理的水平及其能否提高。企业财务管理人员运用财务分析的方法，将财务报表所表述的财务状况与经营成果和原决策方案、计划、预算、历史水平及同行业水平进行对比分析，将企业当前经营活动中存在的问题揭示出来，分析问题出现的原因，以帮助企业管理人员和各责任部门从财务的侧面了解企业经营活动的现状和管理效果，并提出改进工作的建议和措施，从而使企业管理部门对采购、投资、销售等进行计划、监督和实施，提高企业经营管理的效率和效益。

（二）帮助利益关系人作出正确的决策

对企业的不同利益关系人而言，他们都需要从财务报表中取得他们所需的信息。对投资者来讲，他们要了解企业的财务状况和经营成果，以评价企业管理当局受托责任的履行情况，并据以作出买进、持有或卖出企业股份的决策。对债权人来说，他们需要利用财务报表来分析企业资产的状况及其流动性、负债偿还的可靠程度等有关信息。对企业员工来说，企业的盈利能力和发展能力是最为关系的，以评估企业提供报酬、福利和就业机会的能力。对顾客来说，他们主要关注企业产品的质量和售后服务以及经营持续性的信息。对政府机构来说，他们要依据财务报表提供的信息进行宏观决策，并作出征税和管制的决策。上述信息需求必须通过财务分析才能满足。通过对财务指标进行分析，可从财务角度揭示企业生产经营中存在的问题，使财务信息的可靠性和清晰度增强，从而便于各利益关

系人利用财务信息来评价企业的历史、现状和未来，并作出正确的决策。

（三）为企业管理者的经营绩效评级提供依据

通过财务分析，可以检查企业管理者和企业内部各职能部门（单位）完成财务目标的情况，对他们的工作绩效进行考察，为确定其报酬、职位提供评价依据。同时，还可以借助这种评价，促使他们查找管理中存在的问题，总结成功的经验，吸取失败的教训，提高经营管理水平，进一步提高企业的经济效益。

（四）预测企业未来的发展趋势

评价过去和衡量现在的目的是对企业未来的发展趋势进行预测，为未来服务。过去的经营状况已成为历史，是无法改变的。财务报告分析的主要目的是控制企业的经营提供依据，对未来的发展趋势进行预测，制定未来的发展战略和规划，确保企业能够适应瞬息万变的经济环境和日益激烈的市场竞争。

第二节　财务分析的依据和标准

一、财务分析的依据

企业财务分析的依据是指进行财务分析的基础和依托。企业财务分析是以企业财务报告为主要依据，结合企业内部及外部相关信息资料，对企业财务状况、经营活动过程及经营成果进行的分析、研究和评价。因此，企业财务分析的依据主要包括企业财务报告、内部相关信息资料和外部相关信息资料三方面的内容。

（一）财务报告

财务报告也称作财务会计报告，是企业对外提供的反映企业某一特定日期的财务状况和某一会计期间的经营成果、现金流量等会计信息的书面文件，主要包括资产负债表、利润表、现金流量表、所有者权益变动表、会计报表附表、会计报表附注和财务状况说明书。财务报告是企业财务分析的主要依据。

1. 资产负债表

资产负债表也称作财务状况表，是反映企业在某一特定日期的财务状况的会计报表。

它是以"资产＝负债＋所有者权益"这一会计等式为理论基础。依据一定的分类标准和顺序，将企业在一定日期的资产、负债和所有者权益予以适当排列后编制而成的。

资产负债表能够反映企业在某一日期资产的总额及结构，表明企业拥有或控制的资源及其分布情况；可以提供某一日期的负债总额及结构，表明企业未来需要用多少资产来反映所有者所拥有的权益，据以判断资本保值、增值的情况以及对负债的保障程度。

通过资产负债表分析，可以了解企业的财务实力、变现能力、支付能力、偿债能力和资金周转能力，也可以预测企业未来的盈利能力和财务状况的变动趋势，从而有助于信息使用者作出有关决策。

2. 利润表

利润表也称作损益表，是反映企业在一定会计期间的经营成果的会计报表。它是以"收入–费用＝利润"这一会计等式为理论基础，依据一定的排列顺序计算出构成利润总额的各项要素编制而成的。

利润表能够反映企业在一定期间的收入和费用情况，以及获得利润或发生亏损的数额，表明企业收入与产出之间的关系。

通过利润表分析，可以考核企业的经营成果以及利润计划的执行情况，分析企业利润增减变化的原因，分析企业的获利能力，预测企业未来的现金流量；将利润表中的信息与资产负债表中的信息相结合，还可以计算应收账款周转率、存货周转率、资产收益等分析指标，了解企业资金周转情况以及盈利能力和水平。

3. 现金流量表

现金流量表是反映企业在一定会计期间的现金和现金等价物流入和流出的会计报表。它以收付实现制为编制基础，系统反映企业在一定会计期间内经营活动产生的现金流量、投资活动产生的现金流量和筹资活动产生的现金流量。

通过现金流量表分析，可以了解企业现金的来龙去脉和现金收支构成，评价企业的经营状况、筹资能力和资金实力。

4. 所有者权益变动表

所有者权益变动表也称作股东权益变动表，是反映构成所有者权益的各组成部分在一定会计期间内增减变动情况的会计报表。

所有者权益变动表能够全面反映企业在一定会计期间的所有者权益变动情况，包括所有者权益总量的增减变动、所有者权益增减变动的结构性信息以及直接计入所有者权益的利得和损失。

通过所有者权益变动表分析，可以了解影响所有者权益增减变动的具体原因，判断构成所有者权益各个项目变动的合法性与合理性，为信息使用者提供较为翔实的所有者权益总量及增减变动情况。

5. 会计报表附表

会计报表附表主要指资产负债表、利润表、现金流量表的附表，是补充反映企业财务状况、经营成果和现金流量的会计报表。资产负债表附表主要包括资产减值准备明细表和应交增值税明细表；利润表附表主要包括利润分配表；现金流量表附表主要包括现金流量表的补充资料。

通过会计报表附表分析，可以深入了解企业流量情况。

6. 会计报表附注

会计报表附注是为了便于会计报表使用者理解会计报表的内容，对会计报表的编制基础、编制依据、编制原则和方法及主要项目等所作的解释。

会计报表附注是财务报告的重要组成部分。通过对会计报表附注的分析，能够增进会计信息的可理解性、提高会计信息的可比性和突出重要的会计信息，有助于理解和分析会计报表需要说明的其他事项。

7. 财务状况说明书

财务状况说明书是对企业一定会计期间内的生产经营情况、资金周转情况和利润实现及分配情况等，以书面文字报告的形式所作的综合性说明，是会计报告的重要组成部分。财务状况说明书全面扼要地提供了企业生产经营、财务活动情况，分析总结经营业绩和存在的不足，是会计信息使用者了解、考核企业生产经营和业务活动开展情况的重要资料。

财务状况说明书的主要内容包括：企业生产经营的基本情况；利润实现、分配及企业亏损情况；资金增减和周转情况；所有者权益增减变动及国有资本保值增值情况；对企业财务状况、经营成果和现金流量有重大影响的其他事项；针对本年度企业经营管理中存在的问题，下一会计年度拟采取的改进管理和提高经营业绩的具体措施，以及业务发展计划等。

通过财务状况说明书分析，可以了解企业在经营过程中的利弊得失、财务状况及发展趋势；有利于系统分析和评价企业的过去和现在的经营成果、财务状况及其变动原因，以达到了解过去、评价现在、预测未来和完善决策的目的。

（二）内部相关信息资料

内部相关信息资料是指来自企业内部的、与企业财务分析相关的内部报表、会计账簿、经济合同、内部审计报告、日常经营活动情况等信息资料。内部相关信息资料是企业财务分析的重要依据。由于内部相关信息资料一般不会向企业外部披露，因此内部相关信息资料的适用范围一般局限于企业的内部财务分析。

1. 内部报表

内部报表是指为企业内部经营管理服务的各类报表、内部业务报表和内部统计报表等。

（1）内部会计报表是指根据各类会计明细账编制的反映企业财务状况和收入、成本、利润、负债等情况的会计报表，包括：产品销售及利润明细表、存货增减明细表、产品成本明细表、货币资金收付存明细表、在建工程明细表、固定资产变动明细表、银行借款变动明细表、应收账款明细表、应付账款明细表、销售费用明细表、管理费用明细表、财务费用明细表、营业外收支明细表，等等。通过分析内部会计报表可以了解、掌握企业详尽的财务状况和收入、成本、利润及资产管理等信息。

（2）内部核算报表是指根据企业责任会计核算、内部二级核算情况编制的各类核算报表。如内部利润表、内部成本表、内部费用表、内部资金表，等等。通过分析内部核算报表可以了解、掌握企业内部经济核算情况及供产销各环节的经营活动状况。

（3）内部业务报表是指企业内部各职能部门编制的有关业务活动报表，包括：销售业务报表、采购业务报表、生产管理报表、人力资源报表、质量报表、物资管理报表、技术开发报表，等等。通过分析内部业务报表可以全面了解企业各个环节、各个职能部门的经营活动及管理状况。

（4）内部统计报表是指企业有关职能部门编制的产值产量统计表，包括：合格率统计表、劳动生产率统计表、能源消耗统计表，等等。通过分析内部统计报表可以了解企业的生产、质量、能源等方面的经营活动情况。

2. 会计账簿

会计账簿是由一定格式的账页组成，以会计凭证为依据，全面、系统、连续地记录各项经济业务的簿籍。通过分析会计账簿可以全面、具体、系统地了解企业的经济活动情况和财务状况，可以为考核企业经营业绩、分析经济活动提供重要依据。

3. 经济合同

经济合同是指企业与其他经济组织或个人之间，为实现一定的经济目的，明确相互权利义务关系而订立的合同，主要包括投资、借款、购销、建设工程、加工承揽、货物运输、供电、仓储保管、财产租赁、财产保险以及其他经济合同。通过分析经济合同可以为评价企业的当期经营活动、预测未来经营活动提供重要依据。

4. 内部审计报告

内部审计报告是企业内部审计机构根据审计计划对被审计部门或人员实施必要的审计程序后，撰写的一种反映事实、揭露问题、提出建议的内部审计文件。

内部审计包括财务收支审计、内部控制审计、经济责任审计、基建项目审计、干部离任审计、经营管理绩效审计、专案审计等。通过分析内部审计报告可以系统了解企业一定会计期间的主要经济活动、重大经营事项和财务状况，为做好企业财务分析提供重要依据。

5. 日常经营活动情况

日常经营活动情况是指企业在一定会计期间的所有经营活动情况，既包括供产销各个环节，也包括人财物各个方面的运行情况。通过分析日常经营活动情况可以全面分析企业一定会计期间的经营活动情况。

（三）外部相关信息资料

外部相关信息资料是指与企业各项经济活动、生存发展以及日常经营管理有关的信息资料，包括市场环境、政策环境、审计报告等。

1. 市场环境

市场环境是指企业赖以生存和发展的资本市场、销售市场、人力资源市场、供应市场、技术市场等。通过分析市场环境可以为全面分析企业经营活动、经营成果及财务状况提供重要依据。

2. 政策环境

政策环境是指企业需要面对的政府金融政策、产业政策、税收政策、经贸政策、投资政策、区域政策等。通过分析政策环境可以为正确预测企业未来的发展提供重要依据。

3. 审计报告

审计报告是指注册会计师根据审计准则的规定，在实施审计工作的基础上对被审计单位财务报表是否符合公认会计准则而发表审计意见的书面文件。按照有关规定，企业的年度财务报告必须经注册会计师审计并出具审计报告。注册会计师签发的审计报告是以超然独立的第三者身份，对被审计单位财务报表合法性、公允性发表的意见。这种意见具有重要作用，可以得到政府及其各部门、社会各界的普遍认可。通过分析审计报告可以了解、掌握企业的财务状况及经营成果的真实性、合法性与公允性，为深入进行企业财务分析提供依据。

二、财务分析的标准

（一）经验标准

经验标准是指依据大量且长期的实践经验形成的标准，有绝对标准和相对标准之分。如全部收入应大于全部费用，资产总额大于负债总额等都属于绝对标准；而流动比率为2∶1，速动比率为1∶1，资产负债率在50%~70%之间比较合适等则属于相对标准。经验标准有助于报告分析者观察企业经营活动是否合乎常规。

（二）行业标准

行业标准是指同行业其他企业在相同时期内的平均水平，可以根据同行业的有关资料通过统计方法测算出来。行业标准代表着行业平均水平，是最为常用的分析标准，分析主体通过比较实际数据与同行业标准，能够直接判断企业的财务状况和经营成果。如某企业的营业利润率为30%，而该企业所在的行业标准为25%，则说明该企业营业利润率在行业平均水平之上。

（三）预算标准

预算标准是指企业根据自身经营条件或经营状况所制定的目标标准，是一种理想的标准。以实际数据、实际比率与预算标准相比较，可以对企业完成预算、计划或实现目标的情况进行分析和判断。以预算标准为基准，可以对企业财务状况和经营成果作出判断，并对企业管理工作的效率和成果作出评价。

（四）历史标准

历史标准是以本企业过去某一期间的实际状况为标准，这种标准可以是企业历史最高水平，也可以是正常经营条件下的业绩水平，如上年同期数据、上年实际数据等。由于企业不同时期的实际情况不完全相同，企业财务状况和经营成果必然受到各种因素的影响，在与历史数据比较分析时，要注意剔除因物价变动、会计核算方法、企业环境等因素的影响，以便合理判断企业财务状况，客观评价企业经营业绩。

财务分析标准的实质是从不同的侧面比较参照物。在财务分析实际工作中，分析主体可以根据分析的目的分析企业的实际状况，选择恰当的分析标准。如果分析的目的是对企业进行评价,则可选择行业标准;如果分析的目的是对企业的发展趋势进行预测,则可选择历史标准;如果分析的目的是考察企业预算的完成情况,则可选择预算标准。但是,分析标准的选择并不是唯一的,大多数情况下,需要多种标准综合使用才能对企业财务状况和经营成果进行全面的分析与评价。

第三节　财务分析的方法及程序

一、企业财务分析的方法

财务报表的分析与评价可以与企业的经营环境相结合,从不同的角度、根据不同的目的进行分析,虽然财务报表分析有多种多样的形式,但其中都贯穿着比较分析的原理,基本的分析方法主要有比率分析法、比较分析法、因素分析法、趋势分析法和图表分析法五种。

(一) 比较分析法

比较分析法是将两个或两个以上的可比数据进行对比,将比率或差额计算出来,揭示差异并寻找差异原因的分析方法。比较分析法是最基本的分析方法,在实际操作中经常会用到。按对比的方式分,有以下两种方法:一是绝对比较,通过计算,确定其增减变动数量;二是相对比较,通过计算比率,确定其变动程度,可以是结构分析中的结构百分比,还可以是各种财务比率。因此,严格来讲,比较分析法并不独立,而是与其他分析方法相结合的一种辅助技术。

采用比较分析法进行财务分析应注意的问题:

第一,用于比较的指标性质相同。即指标所包含的内容和项目及计算方法完全一致。

第二,用于比较的指标的时间范围相同。如年度、季度、月度指标以及反映时期水平的指标(平均数)和反映时点水平的指标(期初数、期末数)都应彼此对应相符。

第三,采用的指标计算方法必须保持一致。这里说的计算方法不仅是指计算指标的程序,而且还包括影响指标的各项因素。

(二) 比率分析法

比率分析法是把某些彼此存在关联的项目进行对比,计算出比率和经营成果的一种分析方法。在财务分析与评价中，比率分析法应用得非常的广泛，能够把某些条件下的不可比指标变成可以比较的指标。

比率指标有相关比率、结构比率、效率比率和动态比率。

1. 相关比率

相关比率是指同一时期财务报表中两项相关数值的比率。

相关比率是典型的财务比率，是指将两个性质不同但又相互有联系的财务指标，以其中一项指标为基数（分母），求得两者数值之比率，用来反映一定的经济关系。利用相关比率可以考察有关联的业务安排得当与否，以保障企业经营管理活动能够顺畅进行。在财务分析中，经常运用的相关比率有以下几类。

（1）偿债能力比率。偿债能力比率包括反映短期偿债能力和长期偿债能力的比率。其中反映短期偿债能力的比率一般称为流动性比率，反映长期偿债能力的比率一般称为负债性比率。

（2）营运能力比率。营运能力比率包括反映企业资产周转速度的各种比率。

（3）盈利能力比率。盈利能力比率是反映企业投入产出效率的比率，用来衡量企业经济效益的好坏。

（4）发展能力比率。反映企业的未来发展能力指标，用来衡量企业的发展潜力。

比率分析法计算简便，计算结果容易判断，而且可以使某些指标在不同规模的企业之间进行比较，甚至也能在一定程度上超越行业间的差别进行比较。

2. 结构比率

结构比率是指财务报表中个别项目数值与全部项目总和的比率。这类比率揭示的是部分与整体的关系，通过不同时期结构比率的比较，还可以揭示其变化趋势。如存货与流动资产的比率、流动资产与全部资产的比率就属于这一类比率。

计算结构比率时，选择恰当的"总体"是关键。在财务分析中，资产负债表的"总体"是资产总额或负债及所有者权益总额；损益表的"总体"是主营业务收入。利用结构比率，可以考察总体中某个部分的形成与比例安排是否合理，从而达到优化资产结构、资金结构、投入产出结构的目的。

3. 效率比率

效率比率是反映投入与产出关系的财务比率，效率比率的分子代表产出的项目，通常是各种利润数据，分母则是代表某种投入的数据，通常是资产、股东权益、利润与资产的比率、净利润与股东权益的比率和利润总额与成本费用的比率等。

4. 动态比率

动态比率是指财务报表中某个项目不同时期的两项数值的比率。这类比率又分为定基比率和环比比率，分别以不同时期的数值为基础揭示某项财务指标的变化趋势和发展速度。

在财务分析中，比率分析法往往要与其他方法结合起来，这样才能全面、深入地揭示企业的财务状况、经营成果及其变动趋势。

（三）趋势分析法

趋势分析法是将企业连续数年的财务报表，以第一年或某一年为基础，计算每一期对基期指标的百分比，使之成为一系列具有比较性的百分比，借以显示该项目的各期上升或下降的变动趋势。这种方法所计算的结果可以提供一个明确的趋势概念，而且可以通过对过去的研究和观察，将企业未来的发展趋势显示出来。

趋势分析法具体运用的主要方式有以下几种。

1. 重要财务指标的比较

重要财务指标的比较，是将不同时期财务报告中的相同指标或比率进行比较，直接观察其增减变动情况及变动幅度，考察其发展趋势，预测其发展前景。对不同时期财务指标的比较有以下两种方法。

（1）定基动态差异额、动态差异率和动态比率（趋势比率）。它是以某一时期的数额为固定的基期数额而计算出来的动态差异额、差异率和动态比率。其计算公式为：

$$定基动态差异额 = 分析期数额 - 固定基期数额$$

$$定基动态差异率 = 定基动态差异额 \div 固定基期数额$$

$$（或）= 定基动态趋势率 - 1$$

$$定基动态趋势率 = 分析期数额 \div 固定基期数额 \times 100\%$$

（2）环比动态差异额、动态差异率和趋势比率。它是以每一分析期的前期数额为基期数额而计算出来的动态差异额、差异率和趋势比率。其计算公式为：

$$环比动态差异额 = 分析期数额 - 前期数额$$

$$环比动态差异率 = 环比动态差异额 \div 前期数额$$

$$（或）= 环比动态趋势率 - 1$$

$$环比动态趋势率 = 分析期数额 \div 前期数额$$

2. 会计报表的比较（比较财务报表的金额）

会计报表的比较是将连续数期的会计报表的金额并列起来，比较其相同指标的增减变

动、金额和幅度，据以判断企业财务状况和经营成果发展变化的一种方法。会计报表的比较，具体包括资产负债表比较、利润表比较等。比较时既要计算出表中有关项目增减变动的绝对额，又要计算出其增减变动的相对百分比。

3. 会计报表项目构成的比较

这是在会计报表比较的基础上进行的。它是以会计报表中的某个总体指标作为 100%，再计算出各组成项目占该总体指标的百分比，从而来比较各个项目百分比的增减变动，以此来判断有关财务活动的变化趋势。这种方法比前两种方法更能准确地分析企业财务状况的发展趋势。它既可用于同一企业不同时期财务状况的纵向比较，又可用于不同企业之间的横向比较。同时，这种方法能消除不同时期（不同企业）之间业务规模差异的影响，有利于分析企业的耗费水平和盈利水平。

（四）因素分析法

因素分析法又称因素替代法。它是针对某项综合指标的变动原因按其内在的组合因素，进行数量分析，用来确定各个因素对指标的影响程度和方向的一种分析方法。

因素分析法又分为连环替代法和差额分析法两种。

1. 连环替代法

连环替代法，是指在影响经济指标的各个因素中，按顺序把其中一个因素当作可变，而暂时把其他因素当作不变进行替换，来测定各个因素对计划指标完成情况的影响程度的一种分析方法。

应用连环替代法应注意以下几个问题。

第一，因素分解的关联性。即确定构成经济指标的因素，必须是客观上存在着的因果关系，要能够反映形成该项指标差异的内在构成原因，否则就失去了其存在价值。

第二，因素替代的顺序性。替代因素时，必须按照各因素的依存关系，排列成一定的顺序并依次替代，不可随意加以颠倒，否则就会得出不同的计算结果。一般而言，确定正确排列因素替代程序的原则是，按分析对象的性质，先数量因素后质量因素，从诸因素相互依存关系出发，并使分析结果有助于分清责任。

第三，顺序替代的连环性。连环替代法在计算每一个因素变动的影响时，都是在前一次计算的基础上进行的，并采用连环比较的方法确定因素变化影响结果。因为只有保持计算程序上的连环性，才能使各个因素影响之和等于分析指标变动的差异，以全面说明分析指标变动的原因。

第四，计算结果的假定性。连环替代法计算的各因素变动的影响数，会因替代计算顺序的不同而有差别，因而计算结果难免带有假定性，即它不可能使每个因素计算的结果都达到绝对的准确。它只是在某种假定前提下的影响结果，离开了这种假定前提条件，也就不会是这种影响结果。为此在分析时，财务人员应力求使这种假定是合乎逻辑的假定，是具有实际经济意义的假定，这样计算结果的假定性，才不至于妨碍分析的有效性。

2. 差额分析法

差额分析法是因素分析法的一种简化形式，它是利用各因素的实际数与计划数或基期数之间的差额来计算它们的变动对总差异额影响程度的一种分析方法。其主要特点是：利用各因素的差额来分析各因素变动对总差异的影响程度，而不像连环替代法那样，直接将各因素依次替换来求得各因素对总差异的影响数值。差额分析法的计算程序为：

第一步，计算出各因素实际数与计划数的差额。

第二步，以第一个因素的差额，乘以其余因素的计划数，就得到第一个因素变动的影响数值；再以第二个因素的差额，乘以替换过的第一个因素的实际数，再乘以未替换过的其余因素的计划数，就得到第二个因素变动的数值；以此类推，以最后一个因素的差额，乘以所有替换过的各因素的实际数，就得到最后一个因素变动的影响数值。

第三步，汇总各因素影响程度，并与连环替代法分析计算总差异额相比，如果两者方法计算结果完全相等说明分析计算无误。

（五）图表分析法

图表分析法是以各种图表或表格表示企业在同一年度或不同年度内有关财务状况、经营成果及财务状况的各种关系与趋势。图标分析法的好处是信息可以一目了然，能够迅速掌握有关财务状况和经营成果的相互关系和变动趋势。

（六）其他分析法

除了就一般目的财务报表进行分析外，财务报表使用者还针对特殊的需要，对财务报表进行特殊分析。例如，企业为了确定最佳存货水平，要根据每次订货成本、存货需求量等资料进行经济订购批量分析。

二、财务分析的程序

财务分析是一项复杂细致的工作，为使分析工作能顺利进行，分析者应按照一定的步骤和方式，以最经济的时间和精力，完成最广泛和最深入的分析。通常，财务分析要经过以下程序。

（一）确定财务分析的目标

财务分析目标是财务分析工作最终要求达到的结果，它为分析工作指明了方向。所以，在进行财务分析之前，必须首先明确财务分析的目标，是信用分析，投资前景分析，还是经营决策分析，只有明确了目标，分析者才能有目的地收集整理资料，选择适宜的分析方法，从而得出正确结论。

（二）选择合适的分析方法，制定分析方案

在明确财务分析目标的基础上，确定财务分析的评价指标和评价标准，选择适宜的方法，制定分析方案。包括财务分析人员的组成和分工，分析工作进度安排等。分析方案是分析工作顺利进行的保证。

（三）收集整理财务分析的相关数据

财务分析资料是财务分析的依据，由于有关资料收集的及时性、完整性、准确性，会对分析结果的正确性产生直接的影响。因此，收集整理有关数据是财务分析过程中一项十分重要的基础性工作。

（四）计算、分析、评价，揭示问题

分析人员根据掌握的有关信息资料，计算出各种相关的分析指标，采用适宜的分析方法和评价标准，找出存在的问题。

（五）作出分析结论，编写财务分析报告

针对存在的问题，联系企业所处的微观和宏观环境，分析形成现状的原因。对于成绩，给以肯定；对于存在的问题，提出具有可操作性的改进措施。

第五章 不同财务报表分析

第一节 利润表分析

一、利润表分析概述

利润表又称损益表、收益表，是反映企业在一定会计期间经营成果的财务报表。它是一张动态的财务报表，是以"收入−费用+得利−损失＝利润"为理论依据而编制的。利润表不仅反映了企业在一定时期内运用其资源进行经营所产生的经济成果，而且部分解释了资产负债表中所有者权益发生变化的原因。透过利润表，我们可以从总体上了解企业的收入、成本和费用构成，以及净利润（或亏损）的形成情况，借此可以分析评价企业的获利能力，考核企业管理层的经营业绩，以及预测企业净利润的持续性。

（一）利润表分析的目的

1. 正确评价企业各方面的经营业绩

利润表中的利润受各环节和各因素的影响，因此，通过不同环节的利润分析，可准确说明各环节的业绩。如通过产品销售利润分析，不仅可以说明产品销售利润受哪些因素影响以及影响程度，而且还可以说明是主观影响还是客观影响，是有利影响还是不利影响等，这对于准确评价各部门和各环节的业绩是十分有必要的。

2. 及时、准确地发现企业经营管理中存在的问题

分析不仅能明确业绩，而且还能发现问题，因此，通过对利润的分析，可发现企业在各环节存在的问题和不足，为进一步改进企业经营管理工作指明方向。这有利于促进企业全面改进经营管理，使利润不断增长。

3. 为投资者、债权人的投资与信贷决策提供正确信息

由于企业产权关系及管理体制的变动，越来越多的人关心企业的利润。企业经营者是这样，投资者、债权人也是如此，他们通过对企业利润的分析，揭示出企业的经营潜力及发展前景，从而作出正确的投资与信贷决策。另外，利润表分析对于国家宏观管理者研究企业对国家的贡献也有重要意义。

（二）利润表的格式

利润表由表首和表尾两部分构成。表首主要列示报表名称、编制单位、编报日期、货币计量单位和报表编号等。正表是利润表的主体部分，列示公司利润构成的具体项目、主要反映收入、费用和利润各项目的具体内容和相互关系。

根据计算利润的方法不同，利润表结构分为两种，即单步式利润表和多步式利润表。

1. 单步式利润表

单步式利润表是先将本期所有的收入及利得按顺序排列汇总，然后将所有的费用和损失按顺序排列汇总，两者相减得出本期利润。

由于只有一个相减的步骤，故称之为"单步式利润表"。单步式利润表的优点是表式简单，易于编制和理解，对一切收入和费用同等对待，避免了项目分类上的困难。但单步式利润表不能提供较为详细的分类利润信息，不利于前后期相应项目的比较，不便于对经营成果进行深入分析。

2. 多步式利润表

多步式利润表是将当期收入和费用按性质加以分类，通过营业利润、利润总额和净利润三个层次来分步计算，披露企业利润形成过程。

$$利润总额＝营业利润＋营业外收入－营业外支出$$

$$净利润＝利润总额－所得税费用$$

$$综合收益总额＝净利润＋其他综合收益$$

多步式利润表分步骤反映了利润总额的形成情况，层次清晰，便于对企业生产经营情况进行分析，有利于不同企业之间的比较，以正确评价企业的经营业绩和盈利能力，评估企业的管理绩效，并据此找出利润变动的原因，预测企业今后的经营趋势和能力。多步式利润表比单步式利润表更能提供有用的信息，其结构更为科学合理。因此，我国现行企业利润表都采用多步式。

二、利润表质量分析

企业利润质量可以从两个方面进行分析：第一，从利润结果来看，根据权责发生制，企业利润与现金流量并不同步，没有现金支撑的利润质量较差；第二，从利润形成的过程来看，企业利润的来源有多种，包括主营业务、其他业务、投资收益、营业外收支和资产价值变动损益等，不同来源的利润的可持续性不同，只有当企业利润主要来自持续性较强的经济业务时，利润的质量才较高。下面对利润表每个项目进行具体的质量分析。

（一）营业收入

营业收入是指企业在从事销售商品，提供劳务和让渡资产使用权等日常经营业务过程中所形成的经济利益的总流入，分为主营业务收入和其他业务收入。主营业务收入在会计核算中经常发生，一般占企业营业收入的比重较大，对企业的经济效益产生较大的影响。其他业务收入主要包括固定资产出租取得的收入、技术转让取得的收入、销售材料取得的收入、包装物出租取得的收入等。其他业务收入在会计核算中一般不经常发生，占企业营业收入的比重较小。收入业务核算复杂，因此，在对营业收入进行分析时，要注意以下几个问题。

1. 营业收入的确认是否符合条件

确认销售商品收入，一般应具备以下五个条件。

（1）企业已将商品所有权上的主要风险和报酬转移给买方。

（2）企业既没有保留通常与所有权相联系的继续管理权，也没有对已售出的商品实施控制。

（3）收入的金额能够可靠地计量。

（4）与交易相关的经济利益能够流入企业。

（5）相关的成本能够可靠地计量。

目前，我国企业普遍采用的收入确认时点为开具销售发票时，而有些企业为了在当期增加利润，确认收入时实际上并不满足以上几个条件。比如，企业刚刚签订销售合同，并未发出商品，就开出销售发票，确认收入。

2. 营业收入的品种构成及变动情况

在从事多种经营的情况下，企业不同种类商品或劳务的收入构成对信息使用者有十分重要的意义：占总收入比重大的商品或劳务是企业过去业绩的主要增长点。如果企业的利润主要来源于主营业务收入，那就说明企业的经营成果是稳定的；如果企业的利润主要来源于非主营业务收入，即使当年利润再高，企业的经营都可能是不稳定的。分析营业收入的构成，一般是计算各经营项目的收入占全部营业收入的比重，再通过分析比重的变化了解企业各经营项目的变化幅度，由此考核企业提供的产品和服务是否与市场的需求一致。同时，企业提供的产品或劳务种类的变化也反映了企业发展战略的变化。

3. 营业收入的区域构成

对收入的区域构成进行分析，有助于预计企业未来期间的收入状况。分析方面包括：

（1）企业主要的收入是来源于国外还是国内。

（2）国内销售的部分主要集中于哪个区域。

（3）对企业尚未占领的区域是否有相应的推进计划。

（4）企业产品的配置是否适应了消费者的不同偏好。

4. 关联方交易收入占营业收入的比重

在对资产负债表进行分析时，我们提到过，为了实现企业所在集团的整体利益，关联方的交易价格很可能是非公允的。因此，这种收入并不一定真实，报表使用者应当关注以关联方交易为主体形成的营业收入在交易价格、交易的实现时间等方面的非市场化因素。

5. 行政手段造成的收入占企业收入的比重

很多地方政府利用手中的行政权力干涉企业经营，最为明显的手段就是歧视外地企业，限制外地产品流入本地，从而为本地企业减少竞争和增加收益。通过这种手段增加的收入与企业自身的竞争力无关，质量不高，应当在财务分析中予以剔除。

（二）营业成本

营业成本是指企业所销售商品或者提供劳务的成本，包括主营业务成本和其他业务成本。营业成本应当与所销售商品或者所提供劳务而取得的收入进行配比。由于营业成本可以税前抵扣，在对营业成本进行分析时，应注意以下几方面：①随意改变结转产品销售成本的方法；②随意调节成本差异率；③不按比例结转成本；④少结转在产品完工程度，增加营业成本。

影响企业营业成本高低的因素，既有企业不可控的因素（如受市场因素的影响而引起的价格波动），也有企业可以控制的因素（如在一定的市场价格水平条件下，企业可以通过选择供货渠道、采购批量等来控制成本水平），还有企业通过成本会计系统的会计核算对企业制造成本的处理。因此，对营业成本降低和提高的质量评价，应结合多种因素来进行。

（三）营业税金及附加

营业税金及附加是指企业进行日常经营活动应负担的各种税金及附加，包括营业税、消费税、城市维护建设税、资源税和教育费附加等。政府在向企业征税时，通常以企业的营业额为计算依据，而不考虑企业是否盈利。因此，营业税金及附加是企业为了取得营业收入必须发生的代价。按照现行税制规定，企业增值税的缴纳采用"抵扣"的方法，增值税是价外税，营业收入中不含增值税，所以，增值税不包括在营业税金及附加中。企业的房产税、车船使用税、土地使用税、印花税包括在管理费用中，不在本项目归集。

因此，影响营业税金及附加变化的因素为本期的营业收入额。营业收入增加，营业税金及附加会相应增加；营业收入减少，营业税金及附加会相应减少。

（四）期间费用

1．销售费用

销售费用是指企业在销售产品、自制半成品和工业性劳务等过程中发生的各项费用，包括由企业负担的包装费、运输费、装卸费、展览费、广告费、租赁费（不包括融资租赁费），以及为销售本企业产品而专设的销售机构的费用，包括职工工资、福利费、差旅费、办公费、折旧费、修理费、物料消耗和其他经费。销售费用属于期间费用，在发生的当期就计入当期的损益。对于销售费用的质量分析，主要注意以下两个方面。

（1）查看销售费用的划归是否正确合理。设有独立销售机构（如门市部、经理部）的工业企业，其独立销售机构所发生的一切费用均列入销售费用。未设立独立销售机构且销售费用很小的工业企业，按规定，可将销售费用并入管理费用。商业企业在商品销售过程中所发生的各项费用属于商品流通费，一般不计入商品的销售成本，而是通过商品的售价来直接补偿。在安全投资的经济分析中，销售费用是计算经济效益的基础数据。

（2）应当注意其支出数额与本期收入之间是否匹配。从销售费用的作用看，一味地降低企业销售费用，减少相关开支，从长远看不一定有利，所以在对销售费用的分析上，不应简单看其数额的增减。比如，企业在新地域和新产品上投入较多的销售费用，在新地域设立销售机构和销售人员的支出，这些新的支出不一定能够在本期增加销售收入，但也许能给企业未来的发展带来新的活力。因此，对销售费用进行分析时应当慎重，应结合今后销售收入增长的可能性。

2. 管理费用

管理费用是指企业的行政管理部门为管理和组织经营而发生的各项费用，包括管理人员工资和福利费、公司一级折旧费、修理费、技术转让费、无形资产和递延资产摊销费及其他管理费用（办公费、差旅费、劳保费、土地使用税等）。对管理费用进行分析时应注意以下几个方面。

（1）管理费用与主营业务收入的配比。通过与同行业的比较，以及对本企业历史水平的分析，考察管理费用与主营业务收入的配比是否合理。一般认为，费用越低，收益越高，但事实并非一直如此。正如以上对销售费用的分析一样，还要结合以前各期支出水平、企业当前的经营状况以及企业未来的发展方向来对管理费用进行合理性分析。

（2）管理费用与财务预算比较。从成本特性角度来看，企业的管理费用基本属于固定性费用，在企业业务量一定、收入量一定的情况下，有效地控制、压缩那些固定性行政管理费用，将会给企业带来更多的收益。管理费用既然是一种与企业的成本不直接相关的间接费用，它也在一定程度上代表企业生产一线与管理二线的比重。其数额的大小代表该企业的经营管理理念和水平。管理费用具有种类繁杂、数额较大、管理不便的特点。对此，可将其与财务预算的数额比较，分析管理费用的合理性。

（3）查看是否存在任意扩大开支范围，提高费用标准的现象。按照财务会计制度的规定，各项开支均有标准，但在实际工作中，却存在着许多乱花、乱摊、乱计费用的问题。有些企业为了自身的经济利益，违反财务会计制度的规定，任意扩大开支范围和提高开支标准，从而提高企业费用水平，减少当期利润。另外，需要注意的是，企业是否存在将管理费用转作待摊处理的现象。有些企业为了实现既定利润目标，就采用从本期发生的期间费用总额中转出一部分数额列作待摊费用的作假手法来达到目的。

3. 财务费用

财务费用是指企业为筹集生产经营所需资金等而发生的费用，包括企业生产经营期间发生的利息支出（减利息收入）、汇兑净损失（有的企业如商品流通企业、保险企业进行单独核算，不包括在财务费用中）、金融机构手续费，以及筹资发生的其他财务费用，如债券印刷费、国外借款担保费等。对财务费用的分析主要从以下几方面进行。

（1）利息支出的审查。

第一，是否存在混淆资本性支出与收益性支出界限的现象。企业当年列支的利息支出是否确实属于当年损益应负担的利息支出，有无将应由上年度或基建项目承担的利息支出列入当年损益。

第二，利息支出列支范围是否合理规范，注意审查各种不同性质的利息支出的处理是否正确。一般而言，企业流动负债的利息支出应计入财务费用，企业长期负债的利息支出、筹建期间产生的利息支出应计入开办费，生产经营期间产生的利息支出应计入财务费用，清算期间产生的利息支出应计入清算损益；与购建固定资产或无形资产有关的在其竣工之前发生的利息支出应计入购建资产价值；企业的罚款违约金应列入营业外支出。

第三，审查存款利息收入是否抵减了利息支出，计算是否正确，特别应注意升降幅度较大的月份，分析其原因。有些企业在实务操作中，违反财务会计制度的规定，将利息收入转作"小金库"，不冲销财务费用，而虚增期末利润。

（2）汇兑损失的审查。

第一，审查企业列支的汇兑损益是否确已发生，即计算汇兑损益的外币债权债务是否确实收回或偿还，调剂出售的外汇是否确已实现。

第二，审查汇兑损益计算的正确性，以及计算方法的前后一致性。

第三，审查有无将不同数量的外币之间的记账本位币差额当成汇兑损益的现象。

第四，审查企业经营初期发生的汇兑损益，尤其是对汇兑损失应查明发生的具体时间，有无为了延续减免税期，而人为地将筹建期间发生的汇兑损失计入生产经营期间汇兑损失的行为。

（3）各种手续费的审查。

主要审查各种手续费的真实性、合法性、合理性及计算正确与否，有无将应列入其他费用项目的或者应在前期、下期列支的手续费计入当期财务费用。总之，财务费用由企业筹资活动而发生，因此在进行财务费用分析时，应当将财务费用的增减变动和企业的筹资活动联系起来，分析财务费用的增减变动的合理性和有效性，发现其中存在的问题，查明原因，采取对策，以期控制和降低费用，提高企业利润水平。

（五）资产减值损失

资产减值损失是指企业根据资产减值准则等计提各项资产减值准备时，所形成的或有损失。根据企业会计准则的规定，企业应当在会计期末对各项资产进行全面检查，并根据谨慎性原则的要求，合理地预计各项资产可能发生的损失，对可能发生的各项资产减值损失计提相应的减值准备。计提资产减值准备，一方面减少资产的价值，另一方面也形成了一项费用，减少企业的利润。

资产减值准备的计提对提高会计信息质量起着十分重要的作用。

对资产减值损失的分析应从以下几方面入手。

第一，结合会计报表附注，了解资产减值损失的具体构成情况，即企业当年主要是哪些项目发生了减值。

第二，结合资产负债表中有关资产项目，考察有关资产减值的幅度，从而对合理预测企业未来财务状况提供帮助。

第三，将当期各项资产减值情况与企业以往情况、市场情况及行业水平配比，以评价过去、现在，分析其变动趋势，预测未来。

第四，查看企业是否存在滥用资产减值准备转回的情况。

（六）公允价值变动损益

公允价值变动损益是指企业交易性金融资产、交易性金融负债以及采用公允价值模式计量的投资性房地产、衍生工具、套期保值业务等公允价值变动形成的应计入当期损益的利得或损失，即公允价值与其账面价值之间的差额。公允价值可能发生"正向变动"也可能发生"负向变动"，即公允价值有可能升高也有可能降低，因此其对企业利润可能产生"损"，也可能产生"益"，故名"公允价值变动损益"。

公允价值变动损益属于企业的非经常性损益。通过列报公允价值变动损益，利润表全面反映了企业的收益情况，将传统的历史成本模式下受实现原则限制而不能确认的相关信息，如物价变动或投资行为导致企业资产或盈利能力实质上的变化，反映成为收益的一个组成部分。这体现了全面收益观，极大地增加了企业资产和负债的"真实性"和"动态性"，提高了会计信息的质量，并有利于会计信息使用者的决策。但是估计公允价值时存在复杂性、不确定性，虽然确认了收益，但是企业未必能真正拿到手，即所谓"账面利润"或"浮盈"，并不会为企业带来相应的现金流入与流出，因此，在利润表中要与真正实现的投资收益分开列示，从而让报表使用者对企业利润构成全面的认识和把握。

（七）投资收益

投资收益是对外投资所取得的利润、股利和债券利息等收入减去投资损失后的收益。投资收益包括对外投资所分得的股利投资收益和收到的债券利息，以及投资到期收回的或到期前转让债权取得款项高于账面价值的差额等。

1. 投资收益的确认和计量过程分析

企业的投资收益是企业投资活动带来的收益，从投资收益的确认和计量过程来看，债权投资收益将对应企业的货币资金、交易性金融资产、持有至到期投资等项目；股权投资收益将对应企业的货币资金、交易性金融资产、持有至到期投资等项目。在投资收益对应企业的货币资金、交易性金融资产的条件下，投资收益的确认不会导致企业现金流转的困难；在投资收益对应企业的长期投资而企业还要将此部分投资收益用于利润分配的条件下，这种利润分配将导致企业现金流转的困难。也就是说，对应长期投资增加的投资收益，其质量较差。

2. 投资收益比重分析

对多数企业来说，对外投资的主要目的是获取利润。投资收益增加，自然增加了企业利润和利润分配能力。但是，如果这部分收益占收入总额比重过大的话，说明企业的盈利结构是不稳定的，风险较大。

一个公司的营业利润应该远远高于其他利润。除了专业投资公司以外，一般企业对外投资的主要目的不是取得投资收益，而是控制被投资公司，以取得销售、供应等方面的协同效应。如果企业对外投资是为了赚取投资收益，依靠非经营收益来维持较高的利润是不正常的，也是没有发展前景的。如果一个公司的投资收益占了大部分，则可能意味着公司在自己的经营领域里处于下滑趋势，市场份额减少，只好在其他地方寻求收入以维持收益，这无疑是危险的。

（八）营业利润

营业利润反映企业全部业务盈利能力，既包括主营业务利润和其他业务利润，又包括企业公允价值变动净收益和对外投资的净收益。对营业利润质量的分析主要是分析其增减变动的原因。

（九）营业外收入

营业外收入是指企业发生的与其生产经营无直接关系的各项收入，其核算内容主要包括非流动资产处置利得、非货币性资产交换利得、债务重组利得、政府补助、盘盈利得、捐赠利得、罚没利得、教育附加费返还款和确实无法支付而按规定报批后转作营业外收入的应付款项（相当于债务重组利得）。

虽然营业外收入与企业生产经营活动没有直接关系，但与税收有着密不可分的内在联系。

对营业外收入进行分析时应注意以下几个方面：应属营业外收入的项目，有无不及时转账，长期挂在"其他应付款""应付账款"账户的情况；应属营业外收入的项目，有无将营业外收入直接转入企业税后利润，甚至做账外处理或直接抵付非法支出的情况。

需要指出的是，营业外收入基本为非持续性利润，属偶然利润，此项利润没有保障，不能期望它经常或定期地发生，偶然交易利润比例较高的企业，其收益质量低，不代表企业的盈利能力。

（十）营业外支出

营业外支出是指企业发生的与企业日常生产经营活动无直接关系的各项支出，包括非流动资产处置损失、非货币性资产交换损失、债务重组损失、公益性捐赠支出、非常损失、盘亏损失等。营业外支出是偶发性的支出，不具有经常性的特点，一般情况下发生的金额较小，对企业利润的影响也较弱，如果某个期间企业该项损失的金额较大，就得关注发生的原因，因为它对企业业绩的影响也不容小觑。

在对营业外支出项目进行分析时，可从以下两方面着手。

第一，结合考察企业的盈利能力对营业外支出项目的异常进行分析。与营业活动的收入和费用不同，营业外收入和营业外支出不存在对应或配比关系，某种事项的发生可能有收入而不需要为此付出什么；同样，有些事项的发生仅仅有"付出"而不会得到什么"回报"。因此，这类事项如果出现异常，则需要财务报告使用者做一些特殊处理，如考察企业的盈利能力。

第二，结合公司大事对营业外支出中的大额支出项目进行分析。基于营业外支出偶发性和在未来没有持续性的特性，一些重大的营业外支出项目会在公司的公告中予以披露，因此，结合公司大事来分析该项目支出的合理性也是一种方法。

（十一）利润总额

利润总额是企业税前财务成果，反映企业投入产出的效率与管理水平的高低，即反映综合获利能力。

（十二）所得税费用

所得税费用是指企业为取得会计税前利润应交纳的所得税。由于会计和税法之间的分离，会计上核算的所得税费用与按照税法计算应交纳的所得税并不相同，它并非简单地根据利润总额的数字乘以相应的所得税率计算而得。在很多情况下，利润总额并不等于应纳税所得额，造成两者差异的根本原因在于存在许多纳税调整因素。因此，所得税费用包括两个部分：一部分是当期应当交纳的部分，即按照税法计算的应交所得税；另一部分是在当期发生但是在以后期间交纳的部分，即递延所得税。所得税费用的计算公式为：

所得税费用＝当期应交所得税＋递延所得税负债－递延所得税资产

所得税费用的分析主要也是从当期所得税和递延所得税两方面进行的。

1. 当期所得税

当期所得税存在问题的可能性不大。因为企业在当期所得税方面的节约，属于企业税收筹划的范畴，与企业常规的费用控制具有明显的不同，因此，企业对当期所得税不存在常规意义上的降低或控制问题。

2. 递延所得税

分析所得税费用，应结合资产负债表的递延所得税资产、递延所得税负债和应交税费项目来分析本项目的质量。应关注企业对于资产负债的计税基础确定是否公允，同时应注意如果存在非同一条件下的合并，则递延所得税应调整商誉，以及对于可供出售金融资产公允价值变动导致的递延所得税应计入所有者权益，对于这两项资产负债账面价值与计税基础导致的递延所得税不能计入所得税。同时，还需关注企业确认的递延所得税资产是否以未来可能取得的用来抵扣可抵扣暂时性差异的应纳税所得额为限，超出的部分因在后期不能转回，所以在本期不能确认为递延所得税资产。

（十三）净利润

净利润是企业最终的财务成果，综合反映企业的经营业绩，归属于企业所有者，也是利润分配的主要来源。净利润的增长是企业成长性的基本表现。净利润多说明企业经营效益好；反之，则说明企业的经营效益差。

（十四）每股收益

每股收益即每股盈利（EPS），又称每股税后利润、每股盈余，指税后利润与股本总数的比率，是普通股股东每持有一股所能享有的企业净利润或需承担的企业净亏损。每股收益通常被用来反映企业的经营成果，衡量普通股的获利水平及投资风险，是投资者等信息使用者据以评价企业盈利能力、预测企业成长潜力，进而作出相关经济决策的重要的财务指标之一。

该比率反映了每股创造的税后利润。比率越高，表明所创造的利润越多。若公司只有普通股时，净收益是税后净利，股份数是指流通在外的普通股股数。如果公司还有优先股，应从税后净利中扣除分派给优先股东的股利。在分析时，可以进行公司间的比较，以评价公司相对的盈利能力；可以进行不同时期的比较，了解公司盈利能力的变化趋势；可以进行经营实绩和盈利预测的比较，掌握公司的管理能力。

使用每股收益分析营利性要注意以下问题。

第一，每股收益不反映股票所含有的风险。例如，假设某公司原来经营日用品的产销，最近转向房地产投资，公司的经营风险增大了许多，但每股收益可能不变或提高，并没有反映风险增加的不利变化。

第二，股票是一个"份额"概念，不同股票的每一股在经济上不等量，它们所含有的净资产和市价不同即换取每股收益的投入量不相同，限制了每股收益的公司间比较。

第三，每股收益多，不一定意味着多分红，还要看公司股利分配政策。

三、利润表结构分析

利润表结构分析实质上是要求报表分析者关注利润的组成结构，以及收入、费用、成本的组成结构。利润的来源有很多，不同来源的收益会影响到企业的盈利质量。

（一）共同比利润表

进行利润表结构分析，主要的方法是构建共同比报表，将利润表中的每个项目与一个共同项目（一般是主营业务收入）相比，计算比率，以此分析企业利润的产生过程和结构。进而还可以通过每年的共同比报表中的比率数据，形成比较共同比利润表，从而分析利润表结构随时间的变动情况及变动原因。

（二）收入结构分析

1. 主营收入与其他收入分析

企业收入包括主营业务收入与其他业务收入。通过主营业务收入与其他业务收入的构成情况的分析，可以了解与判断企业的经营方针、方向及效果，进而可分析、预测企业的持续发展能力。如果一个企业的主营业务收入结构较低或不断下降，其发展潜力和前景显然是值得怀疑的。

2. 现销收入与赊销收入分析

企业收入中的现销收入与赊销收入构成受企业的产品适销程度、企业竞争战略、会计政策选择等多个因素影响。通过对二者结构及其变动情况的分析，可了解与掌握企业产品销售情况及其战略选择，分析判断其合理性。当然，在市场经济条件下，赊销作为商业秘密并不要求企业披露其赊销收入情况，所以，这种分析方法更适用于企业内部分析。

（三） 成本费用结构分析

成本费用是销售成本、销售费用、管理费用、财务费用的统称。

成本费用结构分析是通过计算当期销售成本、销售费用、管理费用、财务费用分别占成本费用总额的比重，来了解成本费用的发生情况。

（四） 非经常性损益

非经常性损益是指公司发生的与生产经营无直接关系，以及虽与生产经营相关，但由于其性质、金额或发生频率，影响了真实、公允地评价公司当期经营成果和获利能力的各项收入、支出。

在非经常项目中，营业外收入是主要的非经常收益项目，而营业外支出是主要的非经常性损失项目。报告期内，非经常收益与非经常性损失二者相抵后的净额称为非经常性损益。1999 年中国证监会首次在损益项目的披露上引入"非经常性损益项目"概念，要求上市公司年报中披露非经常性损益项目和扣除非经常性损益项目后的净利润。非经常性损益是信息披露指标而非财务会计指标。

第二节　资产负债表分析

一、资产负债表分析概述

（一） 资产负债表的内涵

资产负债表分析，也称财务状况变化分析。财务状况是指企业在某一时点上的经营资金来源和分布状况，它既是企业经营活动结果在资金方面的反映，又是企业未来经营活动能力的表示。通过对财务状况的分析，既可以从整体上查明企业经营活动中存在的问题，为进一步的分析指明了方向，又可以大致评价企业未来经营的潜力，为投资者和债权人提供有用的投资和信贷决策的信息。根据资产负债表的构成形式，该种分析可先从资产、负债和所有者权益三个方面分析入手，然后可在分类分析的基础上进行总括分析，最后得出评价结论，指出经营活动中存在的问题。

（二）资产负债表分析的目的

1. 揭示资产负债表及相关项目的内涵

从根本上讲，资产负债表上的数据是企业经营活动的直接结果，但这种结果是通过企业会计依据某种会计政策，按照某种具体会计处理方法进行会计处理后编制出来的。因此，企业采用何种会计政策，使用何种会计处理方法，必然会对资产负债表上的数据产生影响。例如，某一经营期间耗用的材料一定时，采用不同存货计价方法进行会计处理，期末资产负债表上的存货金额就会有很大差异。如果不能通过分析搞清资产负债表及相关项目的内涵，就会把由企业会计处理产生的差异看作生产经营活动导致的结果，从而得出错误的分析结论。

2. 了解企业财务状况的变动情况及变动原因

在企业经营过程中，企业资产规模和各项资产会不断发生变动，与之相适应的是资金来源也会发生相应的变动，资产负债表只是静态地反映出变动后的结果。企业的资产、负债及股东权益在经过一段时期的经营后，发生了什么样的变化，变动的原因是什么，只有通过对资产负债表进行分析才能知道，并在此基础上，对企业财务状况的变动情况及变动原因作出合理的解释和评价。

3. 评价企业会计对企业经营状况的反映程度

资产负债表是否充分反映了企业的经营状况，其真实性如何，资产负债表本身不能说明这个问题。企业管理者出于某种需要，既可能客观地、全面地通过资产负债表反映企业的经营状况，也可能隐瞒企业经营中的某些重大事项。根据一张不能充分真实反映企业经营状况的资产负债表，是不能对企业财务状况的变动及其原因作出合理解释的。虽然这种评价具有相当的难度，特别是对那些不了解企业真实经营状况的外部分析者来说，其难度更大，但这是资产负债表分析的重要目标之一。

4. 评价企业的会计政策

企业的会计核算必须在企业会计准则指导下进行，但企业会计在会计政策选择和会计处理方法选择上也有相当的灵活性，如存货计价方法、折旧政策等。不同的会计政策和会计处理方法，体现在资产负债表上的结果往往不同，某种会计处理的背后，总是代表着企业的会计政策和会计目的。企业所选择的会计政策和会计处理方法是否合适，企业是否利用会计政策选择达到某种会计目的，深入分析资产负债表及相关项目的不正常变动，了解企业会计政策选择的动机，可以揭示出企业的倾向，评价企业的会计政策，消除会计报表外部使用者对企业会计信息的疑惑。

5. 修正资产负债表的数据

资产负债表是进行财务分析的重要基础资料，即使企业不是出于某种目的进行调整，资产负债表数据的变化也不完全是企业经营影响的结果。会计政策变更、会计估计变更等企业经营以外的因素对资产负债表数据也有相当的影响，通过资产负债表分析，要揭示出资产负债表数据所体现的财务状况与真实财务状况的差异，通过差异调整，修正资产负债表数据，尽可能消除会计信息失真，为进一步利用资产负债表进行财务分析奠定资料基础，以保证财务分析结论的可靠性。

二、资产负债表质量分析

（一）资产质量分析

企业资产代表了企业规模，资产越多表明企业可以用来赚取收益的资源越多，可以用来偿还债务的资源越多。但是这并不意味着资产总是越多越好，还要看资产质量状况。所以具体分析时，要结合各资产项目（只对重点项目）进行深入分析，了解资产质量；要从总体把握住企业资产的分布，横向要看各类资产的变化趋势。

1. 流动资产状况分析

对流动资产质量状况进行分析主要是指对货币资金、交易性金融资产、应收账款、其他应收款和存货等重要项目做深入分析。

（1）货币资金。货币资金是指企业在生产经营过程中处于货币形态的那部分资产。它包括库存现金、银行存款和其他货币资金。货币资金是企业资产中最活跃的因素，可以变成各种形态的资产（如存货、固定资产、无形资产等）。货币资金本身就是现金，无须变现，可以用它直接偿还到期债务或支付投资者利润。企业持有货币资金一般是为了满足结算需要、预防性需要和投机需要。货币资金具有偿债能力最强和盈利能力最弱的双重特点。如果货币资金占总资产的比例较大，通常表明企业流动资金比较充裕，偿债能力较强，但同时也可能意味着企业的资金闲置，盈利能力较弱。为此，应结合企业的生产经营特点、经营周期和资金周转速度，在资产的流动性和营利性之间作出正确的选择，合理地确定企业货币资金的持有量，使其保持一个合适的比例。

（2）交易性金融资产。交易性金融资产是企业购入的随时能够变现并且持有时间不准备超过一年的资产，一般包括各种股票、债券和基金等。该资产的变现能力非常强，流动性仅次于现金。

交易性金融资产是现金的后备资源，因此该资产越多，企业的支付能力和财务适应能力就越强。但它与货币资金又有不同，主要是该资产的风险要大于货币资金，尤其是在证券市场尚不完善时期。因此，分析交易性金融资产的质量状况时，应注意交易性金融资产的构成，及时发现风险，予以防范，同时还要结合投资效益进行分析。

（3）应收账款。应收账款是企业因销售商品和提供劳务等活动而形成的债权，主要包括应收账款（应收票据）和其他应收款，两者产生的原因不同，所以分析时也应分别进行。对应收账款的分析，应从以下几方面进行。

第一，关注企业应收账款的规模及变动情况。企业销售产品是应收账款形成的直接原因，在其他条件不变时，应收账款会随销售规模的增加而同步增加。如果企业的应收账款增长率超过销售收入、流动资产和速动资产等项目的增长率，就可以初步判断其应收账款存在不合理增长的倾向，对此，应分析应收账款增加的具体原因是否正常。从经营角度讲，应收账款变动可能出于以下原因：①企业销售规模变动导致应收账款变动。②企业信用政策改变，当企业实行比较严格的信用政策时，应收账款的规模就会小些；反之，则会大些。③企业收账政策不当或收账工作执行不力。当企业采取较严格的收账政策或收账工作得力时，应收账款的规模就会小些；反之，则会大些。④应收账款质量不高，存在长期挂账且难以收回的账款，或因客户发生财务困难，暂时难以偿还所欠货款。

第二，分析会计政策变更的影响。会计政策变更是指企业对相同的交易或事项由原来采用的会计政策改用另一会计政策的行为。一般情况下，企业每期应采用相同的会计政策，但在某些制度允许的情况下，也可以变更会计政策。涉及应收账款方面的会计政策如果变更，应收账款就会发生变化。例如，在应收账款入账金额的确认上由总价法改为净值法，应收账款余额就会低于按总价法计算的金额，但这不是由应收账款本身减少形成的。又如，在坏账损失的核算上，由直接转销法改为备抵法，应收账款余额就可能因此而降低。

第三，分析企业是否利用应收账款进行利润调节。企业利用应收账款进行利润调节的案例屡见不鲜，因此，分析时要特别关注两个方面：一是不正常的应收账款增长，特别是会计期末突发性产生的与营业收入相对应的应收账款。如果一个企业平时的营业收入和应收账款都很均衡，而唯独第四季度特别是12月份营业收入猛增，并且与此相联系的应收账款也直线上升，就有理由怀疑企业可能通过虚增营业收入或提前确认收入进行利润操作。二是应收账款中关联方应收账款的金额与比例。利用关联方交易进行盈余管理，是一些企业常用的手法。如果一个企业应收账款中关联方应收账款的金额增长异常或所占比例过大，应视为企业利用关联交易进行利润调节的信号。

第四，要特别关注企业是否有应收账款巨额冲销行为。一个企业巨额冲销应收账款，特别是其中的关联方应收账款，通常是不正常的，或者是在还历史旧账，或者是为今后进行盈余管理扫清障碍。

（4）其他应收款。其他应收款是指企业发生非购销活动而产生的应收债权，包括企业应收的各种赔偿款、保证金、备用金以及应向职工收取的各种垫付款项等。其他应收款分析应关注以下几方面。

第一，其他应收款的规模及变动情况。分析时应注意观察其他应收款增减变动趋势，如果其他应收款规模过大，或有异常增长现象，如其他应收款余额远远超过应收账款余额，其他应收款增长率大大超过应收账款增长率，就应注意分析企业是否有利用其他应收款进行利润操纵的行为。

第二，其他应收款包括的内容。一些企业常常把其他应收款项目当成蓄水池，任意调整成本费用，进而达到调节利润的目的。分析时要注意发现：是否将应计入当期成本费用的支出计入其他应收款；是否将本应计入其他项目的内容计入其他应收款。

第三，关联方其他应收款余额及账龄。近年来，大股东占用巨额上市公司资金的事例频繁曝光，已严重威胁到上市公司的正常经营。分析时应结合会计报表附注，观察是否存在大股东或关联方长期、大量占用上市公司资金，造成其他应收款余额长期居高不下的现象。

第四，是否存在违规拆借资金。上市公司以委托理财等名义违规拆借资金往往借助其他应收款来实现。

第五，分析会计政策变更对其他应收款的影响。

（5）存货。存货是企业最重要的流动资产之一，通常占流动资产的一半以上，它包括的内容多、占用的资金大，存货核算的准确性对资产负债表和利润表有较大的影响，存货分析应关注以下几方面。

第一，报表分析者应注意了解企业经营者是否从生产经营的需要出发，采用科学的方法确定合理的存货经济批量，并以此作为企业存货控制的标准。如果企业实际存货金额大于这一标准，则应分析原因，采取必要的措施，降低存货的库存。

第二，存货数量结构是否合理。存货有些是为生产准备的，有些是为销售准备的，应合理确定其结构，保证企业再生产过程的顺利进行。

第三，存货的追加成本。资产负债表中，该项目的数字只是存货本身占用的资金。存货保存过程中，还有许多追加支出，影响企业的盈利水平。

2. 非流动资产质量分析

对非流动资产质量状况进行分析主要是对长期股权投资、投资性房地产、固定资产和无形资产等重要项目做深入分析。

（1）长期股权投资。长期股权投资期限长，金额通常很大，涉及企业的经营发展战略，因而对企业的财务状况影响较大。另外，长期股权投资难以预料的因素很多，风险也会很大，因此在进行报表分析时，应对长期股权投资给予足够的重视。

长期股权投资构成分析主要从投资对象、投资规模和持股比例等方面进行分析。通过对其组成的分析，可以了解企业投资对象的经营状况及投资对象的收益等方面的情况，判断企业长期股权投资的质量；另外还要作投资收益分析和长期股权投资减值准备的分析。

（2）投资性房地产。投资性房地产是指为了赚取租金或使资本升值，或两者兼而有之而持有的房地产。它主要分为三类：出租的土地使用权、长期持有并准备增值后转让的土地使用权和企业拥有并已出租的建筑物。投资性房地产属于企业实物投资。该投资金额大，受国家宏观政策、经济发展规划及地方发展水平等多种因素的影响，资金回笼较慢，投资风险大。

（3）固定资产。固定资产占用资金数额大，资金周转的时间长，是资产管理的重点。分析该项目时应注意以下几个方面。

第一，固定资产的构成。固定资产按使用情况和经济用途可以分为生产用固定资产、非生产用固定资产、租出固定资产、未使用和不需用固定资产、融资租入固定资产等。固定资产结构反映固定资产的配置情况，合理配置固定资产，既可以在不增加固定资金占用量的同时提高企业生产能力，又可以使固定资产得到充分利用。在各类固定资产中，生产用固定资产，特别是其中的机器设备，与企业生产经营直接相关，在固定资产中占较大比重。非生产用固定资产主要指职工宿舍、食堂等非生产单位使用的房屋和设备。企业应在发展生产的基础上，根据实际需要适当增加这方面的固定资产，但增加速度一般应低于生产用固定资产的增加速度，其比重的降低应属正常现象。未使用和不需用固定资产对固定资金的有效使用是不利的，应该查明原因，采取措施，积极处理，将其压缩到最低限度。如因购入未来得及安装，或正在进行检修，虽属正常现象，也应加强管理，尽可能缩短安装和检修时间，使固定资产尽早投入生产运营中。

第二，固定资产占总资产的比例。固定资产的规模和结构，与企业所处的行业性质直接相关。一般来说，制造企业的固定资产比重较大。传统的资金管理理论认为，企业固定资产所占的比例越大，企业的营运能力越强。固定资产在使用中逐渐被消耗，周期较长，因此企业拥有的固定资产越多，在总资产中所占的比重越大，资产的流动性和变现能力就越差。但经营者在分析这个问题时，应注意在"船大压风浪，船小好掉头"之间作出合理选择。

第三，在分析时，还应关注不同类别的固定资产折旧方法、折旧年限对当期利润和固定资产净值的影响。会计准则和制度允许企业使用的折旧方法有平均年限法、工作量法、双倍余额递减法、年限总和法，后两种方法属于加速折旧法。不同的折旧方法由于各期所提折旧不同，会引起固定资产价值发生不同的变化。固定资产折旧方法的选择对固定资产的影响还隐含着会计估计对固定资产的影响，如对折旧年限的估计、对固定资产残值的估计等。

第四，固定资产减值准备。固定资产减值准备分析主要从以下几方面进行：①固定资产减值准备变动对固定资产的影响。②固定资产可回收金额的确定。这是确定固定资产减值准备提取数的关键。③固定资产发生减值对生产经营的影响。固定资产发生减值使固定资产价值发生变化，既不同于折旧引起的固定资产价值变化，也不同于其他资产因减值而发生的价值变化。固定资产减值是由有形损耗或无形损耗造成的，如因技术进步，已不可使用或已遭毁损不再具有使用价值和转让价值等，虽然固定资产的实物数量并没有减少，但其价值量和企业的实际生产能力都会相应变动。如果固定资产实际上已发生了减值，企业不提或少提固定资产减值准备，不仅虚夸了固定资产价值，同时也虚夸了企业的生产能力。

（4）在建工程和工程物资。资产负债表的在建工程项目反映了企业期末各项未完工工程的全部支出，工程物资项目则反映了企业各项工程尚未使用的工程物资的实际成本。在建工程占据的金额是十分巨大的，是企业主要的投资行为之一，合理的工程建设将是企业新的利润增长点。因此，可结合工程项目的用途、资金来源、工程的进度以及转入固定资产的情况进行分析，这样有助于了解企业的发展动态，预计企业未来的盈利能力。

（5）无形资产。无形资产风险比较大，而且它为企业带来的未来经济利益具有很大的不确定性。因此，分析无形资产的质量时应注意以下两个问题。

第一，企业是否正确反映无形资产的价值，是否有虚增资产的情况。

第二，企业是否严格遵守国家关于无形资产入账比例的有关规定，其规模是否合理。

（6）长期待摊费用。长期待摊费用本质上是一种费用，没有"变现性"，其数额越大，说明企业的资产质量越低。因此对企业而言，这类资产数额应当越少越好，占资产总额的比例应当越低越好。

在分析长期待摊费用时，应注意企业是否存在根据自身需要将长期待摊费用当作利润的调节器。例如，在不能完成利润目标或在相差很远的情况下，企业将一些影响利润但不属于长期待摊费用核算范围的费用转入，以达到提高利润的目的。

（二）负债质量分析

负债是企业资产的重要资金来源。按其流动性分为流动负债和非流动负债。负债类项目全面、系统地反映了企业长短期负债情况，通过对负债类重点项目分析，并与资产主要项目进行对照，可以清楚地了解企业的偿债能力。

1. 流动负债分析

（1）短期借款。在企业自由流动资金不足的情况下，企业可以向金融机构举借一定金额的短期借款，以保证企业生产经营对资金的需要。短期借款对企业的影响表现在两个方面：一是短期借款要在一年内（含一年）偿还，企业的偿债压力较大；二是短期借款的利率较长期借款的利率低，企业的利息负担较轻。分析企业是否根据资金的实际需要，科学地确定短期借款与长期借款的比例。一定数量的短期借款是企业经营所必需的，但如果数量太大，超过企业的偿债能力，就会给企业的未来发展带来不利影响，应使其偿债能力和利息负担都处于合理的状态。短期借款合理与否，可以根据流动负债的总量、目前的现金流量情况和对未来一年内的现金流量的预期来确定。在一个现金流量差的企业里，过多的短期借款将会增加财务负担。

（2）应付账款和应付票据。对企业来说，应付账款属于企业的一种短期资金，是企业最常见、最普遍的流动负债，一般都在30~60天，而且一般不用支付利息，有时供货单位为刺激客户及时付款而提供了现金折扣。在对应付账款分析时，应注意观察有无异常情况，测定未来的现金流量，以保证及时偿付各种应付款。

应付票据和应付账款在本质上是一样的，都是企业对外的欠款。但应付票据是由企业或银行签发的，在付款时间上更有保证。应付票据的流动性高于应付账款，因此，应付票据的压力和风险更大。

（3）预收账款。预收账款是指企业实际销售商品或提供劳务之前，按协议预先收取的货款，体现的是一种商业信用和资金的无偿占用，在卖方市场上多有发生。对企业来说，它可解决资金临时短缺带来的困难。但在企业中一般数量不大。

（4）应付职工薪酬。应付职工薪酬是企业对个人的一种负债。分析时应注意：应付职工薪酬是否为企业的真正负债，企业有无通过它来调节利润；应付职工薪酬包括工资、福利费、工会经费、职工教育经费等，分析是否有其他内容。

（5）应交税费和应付股利。应交税费反映企业应交未交的各种税金和附加费，包括流转税、所得税和各种附加费。交纳税金是每个企业应尽的法定义务，企业应按有关规定及时、足额交纳。应交税费的变动与企业营业收入、利润的变动相关。分析时应注意查明企业是否有拖欠国家税款的现象。

应付股利反映企业应向投资者支付而未付的现金股利，是因企业宣告分派现金股利而形成的一项负债。支付股利需要大量现金，企业应在股利支付日之前做好支付准备。

（6）其他应付款。其他应付款分析的重点是：其他应付款规模与变动是否正常；是否存在企业长期占用关联方企业资金的现象。分析时应结合财务报表附注提供的资料进行。

2. 非流动负债分析

（1）长期借款。由于多数企业不能通过证券市场融资，资金来源的渠道多是向银行借款。在对企业长期举债经营进行分析时应注意：首先应避免利用长期借款来充作短期流转使用，否则会使资金成本得不偿失；其次，在资产报酬率高于负债利率的前提下，适当增加长期借款可以增加企业的获利能力，提高投资者的投资报酬率，同时负债具有减税作用，从而使投资者得到更多的回报。但在资产报酬率下降时，甚至低于负债利率的情况下，举借长期借款将增加企业还本付息的负担，在企业盈利不多时，还会导致亏损，因而使企业的财务风险加大。影响长期借款变动的原因有：①银行信贷政策及资金市场的资金供求状况；②为了满足企业对资金的长期需要；③保持企业权益结构的稳定性；④调整企业负债结构和财务风险。

（2）长期应付款。长期应付款是指企业对其他单位发生的付款期限在一年以上的结算债务。包括采用补偿贸易方式引进的设备价款和应付融资租入的固定资产租赁费等。因为融资租赁要求企业自有资金的保证相对于长期借款要低，而租赁公司所承担的风险需要从企业支付的较高的租赁费中进行补偿。所以在分析该项目时，要特别关注企业运用融资租赁资金时的风险性和稳定性。

（三）所有者权益质量分析

1. 实收资本（股本）和资本公积

实收资本（股本）和资本公积反映投资者对企业的初始投入资金以及增值或非经营性原因引起的企业净资产的变化。

所有者向企业投入的资本一般不需偿还，可长期周转使用，实收资本相对固定不变，不得随意变动。如有增减变动，必须符合一定的条件并且办理一定的手续。引起实收资本变化的一般有下列事项：一是投资者追加投资或减少投资，二是资本公积或盈余公积转增资本以及分配股票股利。这些方式虽然引起实收资本变化，但所有者权益总额并不因此改变。

2. 盈余公积和未分配利润

盈余公积和未分配利润的性质相同，其形成与投资者的投资行为无关，是由企业生产经营活动取得的利润形成的。企业只有实现利润，才能形成盈余公积和未分配利润。

在分析时，应注意二者是否按规定用途使用。未分配利润是企业留存以后年度向投资者分配的，但未分配前属于企业尚未确定用途的留存收益，企业在使用上有较大的自主权。

三、资产负债表结构分析

（一）共同比资产负债表

通常情况下，资产负债表中以资产总额为基数，将资产负债表各项目与总额相比，计算出各项目占总额的比重，这样处理后的资产负债表叫作共同比资产负债表。有时也将各项目构成与历年数据及同行业水平进行比较，分析其变动的合理性及其原因，借以进一步判断企业财务状况的发展趋势。

1. 流动资产构成分析

在固定资产和其他资产不变的情况下，流动资产比重提高使生产经营额大幅度增加，说明流动资产在资产总额中所占比重较为合理。但如果流动资产比重速度提高快于增长的速度，使单位增加值占用的资产额比上期增加，说明资产利用效益下降，流动资产在资产总额中所占比重不合理。如果流动资产在资产总额中比重提高了，企业的营业利润也相应地增加了，说明流动资产在资产总额中所占比重较为合理。如果流动资产增加了，生产额增长了，利润却不增长，说明企业生产的产品销售可能不畅，经营状况趋势不好。

2. 长期投资构成分析

判断长期投资比重是否合理，首先要看有没有影响企业生产资金周转，能不能获得较高收益。长期投资占资金总额比重提高，有可能是企业资金来源充足，在不影响生产的情况下，对外长期投资以取得更多收益，但也有可能是企业内部发展受到了限制，目前产业或产品利润率较低，需要寻求新的发展目标。因为被投资项目利润是不确定数，所以长期投资比重高，风险也高。企业管理者应根据投资项目做具体分析研究，慎重行事，以便回避风险，提高投资的安全性。企业长期投资比重不宜过高。

3. 固定资产构成分析

固定资产比重决定着企业的生产规模和发展方向。固定资产构成分析可以从以下三个方面进行：一是分析固定资产构成的变化情况；二是考察未使用和不需用的固定资产构成的变化情况，检验企业在处置闲置固定资产方面的工作是否具有效率；三是分析生产用固定资产内部使用是否合理。

4. 无形资产构成分析

一般情况下，企业拥有较多的无形资产，表明其开发创新能力强。如果企业敢于冒险，就可能采取较高的固定资产比例；反之，则采用较高的流动资产构成比例。从行业特点上看，创造附加值较低的企业，如商业企业，需要保持较高的资产流动性；而创造附加值较高的企业如制造业企业，需要保持较高的固定资产比重。从经营规模上看，规模较大的企业，因其筹资能力强，固定资产比例相对高些；规模较小的企业，流动资产比例相对高些。另外，同一行业内部，生产组织、生产特点、生产方式的差异，对固定资产与流动资产之间的结构比例也会产生影响。

5. 流动负债构成分析

流动负债构成反映企业依赖债权人的程度。流动负债所占的比重越高，说明企业对短期资金的依赖越大，企业偿债的压力也就越大，要求企业资金周转的速度越快；反之，说明企业对短期资金的依赖程度越小，企业面临的偿债压力也就越小。

6. 长期负债构成分析

长期负债构成反映企业依赖长期债权人的程度。长期负债所占的比重较高，说明企业借助于长期资金的程度较高；反之，说明企业借助于长期资金的程度较低，企业面临的偿债压力也就较小。长期负债占负债总额的比重，成长型企业较高，成熟型企业较低。

7. 所有者权益构成分析

所有者权益的构成可以反映企业承担风险能力的大小。所有者权益构成比重越大，企业财务状况越稳定，发生债务危机的可能性越小。

（二）资产结构分析

资产结构是指公司资产的具体构成及其组成部分的相互关系。公司的资产按其流动性可以分为流动资产、长期投资、固定资产和无形资产等几大类。企业资产结构的分析应特别关注以下几方面。

1. 经营资产与非经营资产的比例关系

企业所占有的资产是企业进行经营活动的物质基础，但并不是所有的资产都用于企业自身经营，其中有些资产被其他企业所运用，如一些债权类资产和投资类资产；有些资产已转化为今后的费用，如待摊费用、长期待摊费用、开发支出和递延所得税资产等。这些资产尽管是企业的资产，但已无助于企业自身经营。如果这些非经营资产所占比重过大，企业的经营能力就会远远小于企业总资产所表现出来的经营能力。当企业资产规模增长时，从表面上看，似乎是企业经营能力增加了，但如果仅仅是非经营资产比重增加，经营资产比重反而下降，是不能真正提高企业的经营能力的。

2. 固定资产与流动资产的比例关系

一般而言，企业固定资产与流动资产之间只有保持合理的比例结构，才能形成现实的生产能力，否则，就有可能造成部分生产能力闲置或加工能力不足。以下三种固定资产与流动资产的结构政策可供企业选择：①适中的固定资产与流动资产结构政策。采取这种策略，就是将固定资产存量与流动资产存量的比例保持在平均水平。在这种情况下，企业的盈利水平一般，风险程度一般。②保守的固定资产与流动资产结构政策。采取这种策略，流动资产的比例较高。在这种情况下，由于增加了流动资产，企业资产的流动性提高，资产风险会因此降低，但可能导致盈利水平的下降。③激进的固定资产与流动资产结构政策。采取这种策略，固定资产的比例较高。在这种情况下，由于增加了固定资产，会相应提高企业的盈利水平，同时可能导致企业资产的流动性降低，资产风险会因此提高。

3. 流动资产的内部结构

流动资产内部结构指组成流动资产的各个项目占流动资产总额的比重。分析流动资产结构，可以了解流动资产的分布情况、配置情况、资产的流动性及支付能力。

（三）负债结构分析

负债是指过去的交易、事项形成的现时义务，履行该义务预期会导致经济利益流出企业。根据债务偿还期限，负债可以分为流动负债和非流动负债，需要在一年或超过一年的一个营业周期内偿还的债务称为流动负债，其余则为非流动负债。

1. 负债结构的影响因素

负债结构是因为企业采用不同负债筹资方式所形成的，是负债筹资的结果，因此，负债结构分析必须结合其他有关因素进行。负债结构分析应考虑的因素有以下几方面。

（1）负债结构与负债规模。负债结构反映的是各种负债在全部负债中的组成情况，虽然与负债规模相关，却不能说明负债规模的大小。负债结构变化既可能是负债规模变化引起的，也可能是负债各项目变化引起。换言之，负债规模不变，不等于说负债结构不变，而负债结构不变，不等于说负债规模不变。分析时，只有联系负债规模，才能真正揭示出负债结构变动的原因与趋势。

（2）负债结构与负债成本。企业举债，不仅要按期归还本金，而且还要支付利息，这是企业使用他人资金必须付出的代价，通常称之为资金成本。企业在筹集资金时，总是希望付出最低的代价，对资金成本的权衡，会影响到企业筹资方式的选择，进而对负债结构产生影响；反过来，负债结构的变化也会对负债成本产生影响。这是因为不同的负债筹资方式所取得的资金，其资金成本是不一样的，任何一个企业都很难只用一种负债筹资方式来获取资金，当企业用多种负债筹资方式筹资时，其负债成本的高低除与各种负债筹资方式的资金成本相关外，还取决于企业的负债结构。

（3）负债结构与债务偿还期限。这是负债结构分析要考虑的两个极其重要的因素。负债是必须偿付的，而且要按期偿付，企业在举债时，就应当根据债务的偿还期限来安排负债结构。企业负债结构是否合理的一个重要标志就是使债务的偿还期与企业现金流入的时间相吻合，债务的偿还金额与现金流入量相适应。如果企业能够根据其现金流入的时间和流入量妥善安排举债的时间、偿债的时间和债务金额，使各种长、短期债务相配合，各种长、短期债务的偿还时间分布合理，企业就能及时偿付各种到期债务，维护企业信誉。否则，如果债务结构不合理，各种债务偿还期相对集中，就可能产生偿付困难，造成现金周转紧张的局面，影响到企业的形象，也会增加企业今后通过负债筹资的难度。

（4）负债结构与财务风险。企业的财务风险源于企业采用的负债经营方式。不同类型的负债，其风险是不同的，在安排企业负债结构时，必须考虑到这种风险。任何企业，只要采取负债经营方式，就不可能完全回避风险，但通过合理安排负债结构降低风险是完全可以做到的。一般说来，短期负债的风险要高于长期负债，这是因为：第一，企业使用长期负债筹资，在既定的负债期内，因利率不会发生变动，其利息费用是固定的。如果在相同期限内使用短期负债来衔接，一方面会产生难以保证及时取得资金的风险，另一方面可能因利率调整而使利息费用发生变动，尤其是在通货膨胀条件下，可能因当前的短期借款利率超过以往的长期借款利率而使企业利息费用增加。第二，长期负债的偿还期较长，使企业有充裕的时间为偿还债务积累资金，虽有风险，但相对较小。如果企业以多期的短期负债相衔接来满足长期资金的需要，可能因频繁的债务周转而发生无法偿还的情况，从而落入财务困境，甚至导致企业破产。

（5）负债结构与经济环境。企业生产经营所处的经济环境也是影响企业负债结构的因素之一，其中，资本市场的资金供求情况尤为重要。当国家紧缩银根时，企业取得短期借款就可能比较困难，其长期债务的比重就会高些；反之，企业较容易取得贷款时，其流动负债的比重就会大些。在这种情况下，经济环境对企业负债结构的影响是主要方面，企业自身的努力也会发挥一定的作用。

（6）负债结构与筹资政策。企业负债结构的安排和变动受到许多主、客观因素的影响和制约，企业筹资政策完全可以说是一个纯粹的主观因素。企业根据自身的经营实际和资产配置情况确定的筹资政策直接决定企业的负债结构。从这个意义上说，负债结构分析也是筹资政策分析。

2. 负债结构分析的分类

负债的不同分类方式，可以形成不同的负债结构，因此，对负债结构的分析，可以从以下几个方面来进行。

（1）负债期限结构分析评价。负债按期限长短分为流动负债和长期负债，负债的期限结构可以用流动负债比率和长期负债比率来表示。

（2）负债方式结构分析评价。负债按其取得方式的不同可以分为银行信用、商业信用、应交款项、内部结算款项、外部结算款项、债券、应付股利和其他负债等。

（3）负债成本结构分析评价。各种负债，由于其来源渠道和取得方式不同，成本也有较大差异。有些负债，如应付账款等，基本属于无成本负债。有些负债，如短期借款，则属于低成本负债。长期借款、应付债券等则属于高成本负债。根据对各种负债成本的划分，然后进行归类整理，就会形成负债成本结构。

第三节 现金流量表分析

一、现金流量表分析概述

（一）现金流量表的相关概念

现金流量表是以收付实现制为基础编制的，反映企业在一定会计期间内现金及现金等价物流入和流出信息的一张动态报表。现金流量表的主要目的是反映企业会计期间内经营活动、投资活动和筹资活动等对现金及现金等价物所产生的影响。我国企业从 1998 年开始编制现金流量表，以取代原来的财务状况变动表。现金流量表是以现金为基础编制的财务状况变动表，它不仅反映了企业一定时期的净现金流量，更重要的是揭示了企业一定时期净现金流量形成的原因，配合资产负债表和利润表的分析，可以充分反映企业当前的财务状况和经营业绩状况。

现金流量表中的"现金"是一个广义的概念，包括现金和现金等价物两部分。会计上所说的现金通常指企业的库存现金，而现金流量表中的"现金"不仅包括"库存现金"账户核算的库存现金，还包括企业"银行存款"账户核算的存入金融企业、随时可以用于支付的存款，也包括"其他货币资金"账户核算的外埠存款、银行汇票存款、银行本票存款和在途货币资金等其他货币资金。现金等价物是指企业持有的期限短、流动性强、易于转换为已知金额现金，价值变动风险很小的投资。其中，期限较短，一般是指从购买日起3个月内到期，如可在证券市场上流通的3个月内到期的短期债券投资等。现金等价物虽然不是现金，但其支付能力与现金的差别不大，可视为现金。如企业为保证支付能力，必须持有必要现金，为了不使现金闲置，可以购买短期债券，在需要现金时，随时可以变现。权益性投资变现的金额通常不确定，因而不属于现金等价物。

现金流量是指企业某一时期内现金和现金等价物流入和流出的数量。在这里，流量是一个相对于存量的概念。存量是某一时点的数据，如会计核算中的余额；流量是一定期间内所发生的数据，如会计核算中的发生额。现金流量根据企业经济活动的性质，通常分为经营活动现金流量、投资活动现金流量和筹资活动现金流量。每一类活动的现金流量又具体分为现金流入量、现金流出量和现金净流量三部分。

（二）现金流量表的结构

现金流量表的结构主要包括正表和附注两部分。我国企业现金流量表的正表采用直接法进行编制。在直接法下，对各类活动引起的现金流量的确认直接根据有关账户记录分析填列。

现金流量表的正表包括表头和主要内容。表头应标明报表名称、编制单位的名称、编制时间和金额单位。主要内容有六个方面，即经营活动产生的现金流量，投资活动产生的现金流量，筹资活动产生的现金流量，汇率变动对现金及现金等价物的影响，现金及现金等价物净增加额，期末现金及现金等价物余额。

（三）现金流量表分析的目的

资产负债表可以反映企业在某一会计期末的财务状况，却无法揭示其形成原因。利润表能够揭示企业经营成果，却无法保证企业利润全部以现金方式实现，无法对现金的实际运用情况具体描述。现金流量表可以弥补上述两表分析之不足。现金流量表分析是以现金流量表为主要信息来源，利用多种分析方法，揭示企业现金流量的信息，并从现金流量角度对企业财务状况和经营业绩作出评价。现金流量表的分析，具有以下几方面的目的。

1. 从动态上了解企业现金变动情况及变动原因

在资产负债表中"货币资金"项目反映了企业一定时期现金变动的结果，是静态上的现金存量，企业的现金存量从期初到期末是怎样发生变化的，企业从哪里取得现金，又将现金用于哪些方面，只有通过现金流量表的分析，才能从动态上说明现金的变动情况，并揭示现金变动的原因。

2. 判断企业获取现金的能力

现金余额是企业现金流动的结果，并不表明现金流量的大小，通过对现金流量表进行现金流量分析，能够对企业获取现金的能力作出判断。

3. 分析企业收益的质量

通常，企业的净利润与其净现金流量呈同向变动关系，即净利润增加，净现金流入也应增加；反之亦然。但企业在某一会计期间实现的净利润并不正好与当期经营活动产生的现金流量相等，以致有些年份有净利而无现金，有些年份则刚好相反。现金流量表分析本期净利润与经营活动产生的现金流量之间的差异及原因，便于投资者、债权人更合理预测未来的现金流量。

4. 预测企业未来的成长能力

通过现金流量表及其他财务信息，可以了解企业现金的来源和用途是否合理，了解企业是从外部筹措资金来扩大经营规模，还是收回投资支付到期债务缩短经营规模，从而对企业未来的发展趋势和成长能力进行预测。

（四）现金流量表分析的内容

基于以上目的，现金流量表的分析主要包括以下内容。

1. 现金流量表水平分析

现金流量表水平分析通过分别对各类现金流量项目的增减额和增减率的计算，分析本期现金流量与上期相比较的增减变动情况和增减变动的原因，了解本期与上期比较现金流量的变化情况。

2. 现金流量表结构分析

现金流量表结构分析通过对企业的现金流入结构、现金流出结构和现金净流量结构的分析，来揭示企业现金流量的结构状况及其变动情况。

3. 现金流量表项目分析

现金流量表项目分析通过对现金流量表中各项活动的各个项目加以比较、分析和评价，了解企业的财务状况和现金流量情况，发现存在的问题，从而为决策提供有用信息。

二、现金流量表结构分析

现金流量表结构分析是指对现金流量的各个组成部分占总体的比重进行分析，目的在于揭示现金流入量、现金流出量和现金净流量的结构情况，抓住企业现金流量管理的重点。

（一）现金流入结构分析

现金流入结构分析反映企业现金总流入结构和各项业务活动现金流入结构，即企业全部现金流入中，经营活动、投资活动、筹资活动产生的现金流入在全部现金流入中所占的比重，以及各项业务活动现金流入中具体项目的构成情况。通过现金流入结构的分析，企业的信息需求者可以了解企业现金来自什么渠道，据以判断和评价现金流入的合理性，明确增加现金流入的措施和途径。

在企业现金流入量总额中，经营活动现金流入所占比重通常较高。因为经营活动产生的现金流入是体现企业主营业务创造现金流的能力。经营活动的现金流入越多，企业发展的稳定性越强，但对主营业务并不突出的企业或投资性企业而言，并不是必然的。所以应根据企业的实际情况，区别对待。

此外，企业的不同风险偏好也会对现金流入产生一定影响。稳健型企业，经营活动现金流入比重较大，投资活动和筹资活动的现金流入比重可能较小；激进型企业，努力筹资并积极寻找投资机会，可能造成企业在某一特定时期筹资活动和投资活动的现金流入比例较大，甚至超过经营活动的现金流入比例。

（二）现金流出结构分析

现金流出结构是反映企业全部现金流出中，经营活动、投资活动、筹资活动产生的现金流出在全部现金流出中所占的比重，以及各项业务活动现金流出中具体项目的构成情况。通过现金流出结构的分析，企业的信息需求者可以了解企业现金使用的方向，据以分析和评价现金流出的合理性，提高现金管理的有效性。

在企业现金流出中，经营活动现金流出，如购买商品、接受劳务等活动支出的现金往往占较大比重，投资活动和筹资活动的现金流出则因企业的财务政策不同而存在很大差异。一般而言，经营活动现金流出具有一定的稳定性，而投资活动和筹资活动现金流出的稳定性较差，甚至有一定偶发性，随着交付投资款、偿还到期债务、支付股利等活动的发生，当期该类活动的现金流出便会剧增。因此，分析企业现金流出结构在不同时期难以采用统一标准，应结合具体情况具体分析。

（三）现金净流量结构分析

现金净流量结构是指企业经营活动、投资活动、筹资活动产生的现金净流量在现金净流量总额中所占的比重。通过净现金流量结构的分析，企业的信息需求者可以了解企业现金净流量形成的原因，判断企业的现金收支是否平衡。

一般而言，企业现金流量净额越大，企业越有活力。如果企业现金流量净额主要由经营活动产生，说明企业生产和销售状况好、获取现金能力强、发生坏账的风险小；如果企业现金流量净额主要来自投资活动，可能说明企业生产能力正在衰退，需要通过处置非流动资产来缓解资金紧张，也可能是企业正在调整资产结构；如果企业现金流量净额主要来自筹资活动，说明企业正从外部筹集大量资金，今后将支付更多的股利或利息，财务风险也将更大。

现金流量净额也可能是负数，即现金流出大于现金流入。在这种情况下，不能简单地下结论说企业获取现金的能力弱，而应视不同的情况进行分析。如这个负值主要是由于企业扩大投资引起的，则可能说明企业在更新设备或增强生产能力等，这并不意味着企业经营能力不佳，反而说明企业存在更多的发展机会。但如果现金流量净额负数是由经营活动引起的，并且投资活动、筹资活动的现金流入无法满足经营活动的现金需求，则会影响企业的偿债能力，甚至企业的生存。所以，企业的信息需求者应针对不同情况，具体展开分析。

在进行现金流量表的结构分析时，还要注意企业所处的发展阶段，各种结构比例在企业的不同发展阶段会表现出不同的特点。一般来讲，处于初创期的企业，流入结构中筹资活动会占较大比重，流出结构中投资活动占较大比重；处于成长期的企业，经营活动流入增加，所占比重会增大，筹资活动流入已经下降，但还占一定的份额，投资活动现金流出大幅下降，但小额投资仍在继续；在成熟期，占现金流入比重较大的是经营活动现金流量，筹资现金流出增加，因为大量债务到了偿还期，分红比例也在提高，而投资支出基本停止，大量投资进入回收期，投资活动流入会大量增加；在衰退期，经营活动现金流量明显减少，筹资活动又可能需要大量的现金，企业可能需要依靠收回投资来回收资金，此时企业必须调整投资方向，以获得新的经营活动现金流入。

三、现金流量表项目分析

企业现金流转状况的好坏，不能简单地从期末与期初现金比较的差额中得出结论，要想全面、正确地评价企业的真实经营业绩，就应对现金流量表各项活动中的各个项目加以比较、分析和评价，以便更好地了解企业的财务状况及现金流量情况，发现存在的问题，为决策提供有用的信息。

（一）经营活动现金流量项目分析

经营活动是企业维持生存和发展的基本活动。通过经营活动现金流量项目分析，企业的信息需求者可以发现企业现金流量变化的原因，判断和评价企业销售、盈利质量。

1. 销售商品、提供劳务收到的现金

该项目反映企业因销售商品、提供劳务实际收到的现金（含销售收入和应向购买者收取的增值税销项税额），包括本期销售商品、提供劳务收到的现金，以及前期销售和前期提供劳务本期收到的现金和本期预收的款项，减去本期退回本期销售的商品和前期销售本期退回的商品支付的现金。此外，企业销售材料和代购代销业务收到的现金，也包括在该项目中。

销售商品、提供劳务收到的现金会增加企业本期的现金，构成了经营活动现金流入的主要内容。上述项目可能因市场供求关系、企业销售策略、信用政策等的改变而发生增减变动，在分析时，企业的信息需求者应结合企业具体情况和利润表、相关会计报表附注等进行。此外，企业的信息需求者还可以将上述现金流入量与利润表的营业收入、资产负债表的应收账款项目相比较，判断企业销售货物的收现质量的情况。如果上述现金流入量与本期营业收入不匹配，则可能是企业不仅收到了本期销售商品、提供劳务的现金，而且收回了前期货款；或者出现了较多的赊销。上述情况对企业未来的现金流将产生一定影响。

2. 收到的税费返还

该项目反映企业收到返还的各种税费，如增值税、消费税、所得税、教育费附加返还等。该项目只包括企业上交后由税务等政府部门返还的款项，不包括其他方面的补贴和返还款。企业收到的与税费无关的现金，应在"收到其他与经营活动有关的现金"项目中反映。该项目通常数额不大，对经营活动现金流入量的影响也不大。值得注意的是，这部分现金流量变化与国家税收政策有关，往往不具有持续性，该项目现金流量的增加不能代表企业具有获取现金的正常能力。

3. 购买商品、接受劳务支付的现金

该项目反映企业购买商品、接受劳务实际支付的现金，包括本期购入商品、接受劳务支付的现金（包括增值税进项税额），以及本期支付前期购入商品、接受劳务的未付款项和本期预付款项。本期因购货退回而收到的现金则从该项目中减去。

购买商品、接受劳务支付的现金会减少企业本期的现金，构成了经营活动现金流出的主要内容。上述项目可能因供货市场变化、资金供求变化而导致采购成本、应付账款发生增减变动。分析时，企业的信息需求者应结合企业具体情况以及资产负债表、利润表、相关会计报表附注等进行；此外，还可以将上述现金流出量与利润表的营业成本相比较，判断企业成本支付的情况。如果上述现金流出量与本期营业成本不匹配，则有可能是由于企业不仅支付了本期购买材料、商品、接受劳务的现金，而且偿还了前期欠款，还有可能是出现了较多的赊购。上述情况对企业未来的现金流将产生一定的影响。

4. 支付给职工以及为职工支付的现金

该项目反映企业实际支付给职工以及为职工支付的现金，包括本期实际支付给职工的工资、奖金、各种津贴和补贴等，以及为职工支付的其他费用。它不包括支付的离退休人员的各项费用和支付给在建工程人员的工资等。企业支付给离退休人员的各项费用，包括支付的统筹退休金以及未参加统筹的退休人员的费用，在"支付其他与经营活动有关的现金"项目中反映。企业支付给在建工程人员的工资，在"购建固定资产、无形资产和其他长期资产所支付的现金"项目反映。此项目也是企业现金流出的主要方向，金额波动不大。

5. 支付的各项税费

该项目反映企业按规定支付的各种税费，包括本期发生并支付的税费，以及本期支付以前各期发生的税费和预交的税金，如支付的教育费附加、矿产资源补偿费、印花税、房产税、土地增值税、车船税等。它不包括计入固定资产价值、实际支付的耕地占用税等，也不包括本期退回的增值税、所得税。本期退回的增值税、所得税在"收到的税费返还"项目反映，此项目会随着企业销售规模的变化而变动。

6. 支付其他与经营活动有关的现金

该项目反映企业支付的罚款支出、支付的差旅费、业务招待费、保险费、经营租赁支付的现金等其他与经营活动有关的现金流出，金额较大的应当单独列示。该项目主要与利润表中的销售费用和管理费用项目相对应。

（二）投资活动现金流量项目分析

投资活动指企业长期资产的购建和不包括在现金等价物范围内的投资及其处置活动。企业的投资活动可分为对外投资和对内的经营性长期资产投资两个部分。在特定会计期间，如果对外长期投资所引起的现金流出量大于现金流入量，说明当期企业对外投资呈现扩张态势；反之，则说明呈现萎缩态势。如果经营性长期资产所引起的现金流出量大于其产生的现金流入量，说明企业当期经营性长期资产呈现增加态势；反之，则呈现收缩规模或调整结构的态势。因此，通过投资活动现金流量的分析，企业的信息需求者可以判断企业进行投资扩张或收缩的程度，从而可对企业未来的发展趋势进行预测。

1. 收回投资收到的现金

该项目反映企业出售、转让或到期收回除现金等价物以外的交易性金融资产、持有至到期投资、可供出售金融资产、长期股权投资而收到的现金。它不包括债权性投资收回的利息，以及收回的非现金资产。

上述项目可能因企业收缩投资规模、资金周转需求等发生增减变动。一般而言，企业收回股权投资如果是为了弥补经营活动现金的不足，则说明企业资金周转不畅，资金短缺，应对此现象引起重视。而如果收回股权投资仅仅是投资策略调整或投资环境改变，则会有利于企业的未来发展，应具体情况做具体分析。

2. 取得投资收益收到的现金

该项目反映企业因股权性投资取得的现金股利，因债权性投资取得的现金利息，以及从子公司、联营企业和合营企业分回利润收到的现金。它不包括股票股利。

该项目现金流入是企业前期投资在本期所获得的现金收益。对取得投资收益所收到的现金，应与利润表中的投资收益结合起来分析，以便考察投资收益的收现状况。

3. 处置固定资产、无形资产和其他长期资产收回的现金净额

该项目反映企业处置固定资产、无形资产和其他长期资产所取得的现金，减去为处置这些资产而支付的有关费用后的净额。由于自然灾害所造成的固定资产等长期资产损失而收到的保险赔偿收入，也在该项目反映。该项目一般金额不大，如果数额较大，表明企业产业、产品结构将有所调整，或者表明企业未来的生产能力将受到严重的影响，已经陷入深度的债务危机之中，靠出售设备来维持经营。

4. 购建固定资产、无形资产和其他长期资产支付的现金

该项目反映企业购买、建造固定资产，取得无形资产和其他长期资产支付的现金。它不包括为购建固定资产而发生的借款利息资本化的部分，以及融资租入固定资产支付的租赁费。借款利息和融资租入固定资产支付的租赁费，在筹资活动产生的现金流量中反映。

分析上述项目现金流出量时，应对连续几个会计期间的数据加以比较。如果发现连续若干期现金流出持续增加，可能是由于企业在不断扩大生产规模，说明企业处在成长期，

存在较多投资机会；但如果发现连续若干期现金流出持续减少，则说明企业处于成熟期，或企业正在压缩生产规模、调整经营战略，应当进一步分析是由于企业自身原因，还是行业因素的影响，以便对企业的未来进行预测。

5．投资支付的现金

该项目反映企业进行权益性投资和债权性投资所支付的现金，包括企业取得的除现金等价物以外的交易性金融资产、持有至到期投资、可供出售金融资产、长期股权投资支付的现金，以及支付的佣金、手续费等附加费用。

投资支付的现金是企业进行的对外投资，其规模的大小应和企业的经营特点以及资金来源的情况相适应，还应考虑国家宏观经济环境和企业投资环境的变化，同时要结合投资收益进行分析。

（三）筹资活动现金流量项目分析

筹资活动是指导致企业权益资本及债务规模、构成发生变化的活动。通过现金流量表中筹资活动现金流量的分析，企业的信息需求者可以了解企业的筹资方式及筹资规模的大小，了解企业的资本结构，可以帮助投资者和债权人预计对企业未来现金流量的要求权，以及获得前期现金流入而支付的代价。

1．吸收投资收到的现金

该项目反映企业以发行股票、债券等方式筹集资金实际收到款项净额（发行收入减去支付的佣金等发行费用后的净额）。以发行股票、债券等方式筹集资金而由企业直接支付的审计、咨询等费用，在"支付其他与筹资活动有关的现金"项目反映，不在该项目内减去。此项目表明企业通过资本市场筹资能力的强弱。

2．取得借款收到的现金

该项目反映企业向银行或其他金融机构举借各种短期、长期借款而收到的现金。此项目数额的大小，表明企业通过银行筹集资金能力的强弱，在一定程度上代表了企业信用程度的高低。

上述 1 和 2 项目现金流入均属于企业对外筹资，其规模的大小与企业经营活动、投资活动的资金需求有关，也与企业财务政策、对外筹资能力相关。

3．偿还债务支付的现金

该项目反映企业以现金偿还债务的本金，包括偿还金融企业的借款本金、债券本金等。企业偿还的借款利息、债券利息，在"分配股利、利润或偿付利息支付的现金"项目反映，不包括在该项目内。

4. 分配股利、利润或偿付利息支付的现金

该项目反映企业实际支付的现金股利，支付给其他投资单位的利润以及支付的借款利息、债券利息等。利润的分配情况可以反映企业现金的充裕程度。

第四节　所有者权益变动表分析

一、所有者权益变动表分析概述

（一）所有者权益变动表分析的目的及意义

1. 所有者权益变动表披露综合收益，为公允价值的广泛应用创造条件

综合收益是企业在某一期间与所有者之外的其他方面进行交易或发生其他事项所引起的净资产变动。综合收益的构成包括两个方面，用计算公式表示为：

$$综合收益 = 净利润 + 直接计入所有者权益的利得和损失$$

$$净利润 = 收入 - 费用 + 直接计入当期损益的利得和损失$$

在所有者权益变动表中，净利润和直接计入所有者权益的利得和损失均单列项目反映，体现了企业综合收益的构成。

传统的财务会计由于强调信息的可靠性，对资产计价一般运用历史成本，并且只进行初始计量。因此，传统的利润表只反映已经实现的收入和费用，以及在此基础上计算出来的损益。采用公允价值计价比按历史成本计价能够向信息使用者提供与决策更加相关、有用的信息，但是由于公允价值会随着客观环境的变化而变化，这就不可避免地产生未实现的利得或损失。由于传统的利润表不能确认这部分未实现的利得或损失，则势必会限制公允价值的广泛运用。"综合收益"概念的提出解决了这一问题，从而为公允价值的广泛运用创造了条件。

2. 揭示所有者权益变动的原因，为报表使用者正确评价企业经营管理工作提供信息

所有者权益的增减变动有很多原因，该表全面地记录了影响所有者权益变动的各个因素的年初余额和年末余额。通过每个项目年初余额和年末余额的对比，以及各项目构成比

例的变化，揭示了所有者权益变动的原因及过程，从而为报表使用者判断企业自有资本的质量、正确评价企业的经营管理工作提供信息。

3. 反映企业股利分配政策及现金支付能力，为投资者投资决策提供全面信息

所有者权益变动表既有资产负债表的内容（所有者权益），又有利润表的内容（净利润），还包括利润分配的内容。该表通过反映利润分配情况，不仅向投资者或潜在投资者提供了有关股利分配政策和现金支付能力方面的信息，而且为报表使用者全面评价企业的财务状况、经营成果和企业发展能力提供了全面信息。

（二）影响所有者权益结构的因素

所有者权益结构是指所有者权益各项目金额占所有者权益总额的比重，反映了企业所有者各项目的分布情况，揭示了企业的经济实力和风险承担能力。

1. 所有者权益规模

投资者追加投资、企业减少注册资本、盈余公积转增资本、送配股等，都会引起所有者权益总量或其中某个项目总量的变动，从而引起所有者权益结构的变动。

2. 利润分配政策

企业利润分配政策会影响企业投入资本及留存收益的结构。若企业采取高比例分红，必然减少留存收益，可能影响企业以后资金的需求；而企业分红比例过低，可能影响投资者的既得利益。

3. 权益资本成本

适度负债经营，由于债务利息可在交纳企业所得税前从企业利润中扣除，从而有效帮助降低企业资本成本。由于所有者承担的风险要大于债权人承担的风险，权益资本成本往往高于债务资本成本。因此，要降低筹资成本，应尽量利用留存收益，加大比重，降低企业综合资本成本。

4. 企业控制权

如果企业控制权相对集中，往往会采取负债筹资，对所有者权益结构影响不大。但对于上市公司股权相对分散，采取增资扩股或分红派股等方式，会稀释公司股权，从而影响公司的所有者权益结构。

5. 其他

企业风险偏好、经济环境的变化、资本市场状况等均会影响企业筹资方式的选择，从

而影响所有者权益结构。

二、所有者权益变动表结构分析

（一）所有者权益垂直分析表

所有者权益表的垂直分析，是将所有者权益纵向项目的数额与本期所有者权益期末余额进行对比，计算各个子项目占期末所有者权益的比重，从结构上揭示公司所有者权益纵向项目的比重及其变动情况，揭示公司净资产构成的变动原因，从而进行相应决策的过程。

（二）留存收益比例

留存收益比例是指净利润扣除全部股利后与净利润的比例，其计算公式如下：

$$留存收益比例＝（净利润-发放股利额）÷净利润×100\%$$

该指标反映了当期收益总额中有多大比例留在企业用于企业扩大再生产，该指标与股利支付率是一对指标，此消彼长。成长初期的企业，留存收益比例通常较高；成熟期的企业，留存收益比例通常较低。

三、股利政策对所有者权益变动影响的分析

股利政策是指公司股东大会或董事会对一切与股利有关的事项，所采取的较具原则性的做法，是关于公司是否发放股利、发放多少股利以及何时发放股利等方面的方针和策略，所涉及的主要是公司对其收益进行分配还是留存以用于再投资的策略问题。

（一）股利政策的方式及选择

1. 剩余股利政策

剩余股利政策是以先满足公司资金需求为出发点的股利政策。根据这一政策，公司按如下步骤确定其股利分配额。

（1）确定公司的最佳资本结构。

（2）确定公司下一年度的资金需求量。

（3）确定按照最佳资本结构，为满足资金需求所需增加的股东权益数额。

（4）将公司税后利润先满足公司下一年度的增加需求，剩余部分用来发放当年的现金股利。剩余股利政策适用于有良好的投资机会，对资金需求比较大，能准确地测定出目标

（最佳）资本结构，并且投资收益率高于股票市场必要报酬率的公司；同时，也要求股东对股利的依赖性不十分强烈，在股利和资本利得方面没有偏好或者偏好于资本利得。从公司的发展周期来考虑，该政策比较适合于初创和成长中的公司。

2. 固定股利或稳定增长股利额政策

以确定的现金股利分配或稳定增长的股利作为利润分配的首要目标予以优先考虑。一般有以下两点好处：

（1）稳定或稳定增长的股利额给股票市场和公司股东一个稳定的信息。

（2）许多作为长期投资者的股东（包括个人投资者和机构投资者）希望公司股利能够成为其稳定的收入来源，便安排消费和其他各项支出，稳定股利额政策有利于公司吸引和稳定这部分投资者的投资。

采用稳定股利额政策，要求公司对未来的支付能力作出较好的判断。一般来说，公司确定的稳定股利额不应太高，要留有余地，以免形成公司无力支付的困境。固定股利或稳定增长股利政策适用于成熟的、生产能力扩张的需求减少、盈利充分并且获利能力比较稳定的公司；从公司发展的生命周期来考虑，稳定增长期的公司可用稳定增长股利政策，成熟期的公司可借鉴固定股利政策。

3. 固定股利支付率政策

公司每年按固定的比例从税后利润中支付现金股利。从企业支付能力的角度看，这是一种真正稳定的股利政策，这一政策将导致公司股利分配额的频繁变化，传递给外界一个公司不稳定的信息，所以很少有公司采用这一股利政策。

4. 低正常股利加额外股利政策

公司除每年按一固定股利额向股东发放外，还在公司盈利较高、资金较为充裕的年度向股东发放高于一般年度的正常股利额的现金股利，其高出部分即为额外股利，这种政策称为低正常股利加额外股利政策。

低正常股利加额外股利政策适用于处于高速增长阶段的公司。因为公司在这一阶段规模迅速扩大，需要大量资金，而由于已经度过初创期，股东往往又有分配股利的要求，该政策就能够很好地平衡资金需求和股利分配这两方面的要求。另外，对于那些盈利水平各年间浮动较大的公司来说，也是一种较为理想的支付政策。

（二）股利政策种类

目前，我国上市公司的分红主要采用的是现金股利和股票股利两种形式，股利政策对公司财务状况的影响是不同的：现金股利使得公司的资产和所有者权益同时减少，股东手中的现金增加；股票股利使得流通在外的股份数量增加，公司账面的未分配利润减少，股本增加，影响每股账面价值和每股收益。

1. 现金股利

现金股利是上市公司以货币形式支付给股东的股息红利，也是最普通最常见的股利形式，如每股派息多少元，就是现金股利。大多数投资者都喜欢现金分红，因为是到手的利润。企业发放现金股利，可以刺激投资者的信心。现金股利侧重于反映近期利益，对于看重近期利益的股东很有吸引力。

现金较充足，分配股利后企业的资产流动性能达到一定的标准的，并且有有效广泛的筹资渠道的企业，才能发放现金股利。

现金股利的发放致使公司的资产和股东权益减少同等数额，是企业资产的流出，会减少企业的可用资产，是利润的分配，是真正的股利。发放现金股利将减少企业的实物资产，直接影响企业内部资产的结构，致使长期资产与流动资产的比重发生变化，有利于调节资产的结构；同时，现金股利将引起所有者总额的减少，但不会引起股本结构的变化。

2. 股票股利

股票股利是上市公司用股票的形式向股东分派的股利，也就是通常所说的送红股。因其既可以不减少公司的现金，又可使股东分享利润，还可以免交个人所得税，因而对长期投资者更为有利。股票股利侧重于反映长远利益，对看重公司的潜在发展能力而不太计较即期分红多少的股东更具有吸引力。

股票股利是把原来属于股东所有的盈余公积转化为股东所有的投入资本。只不过不能再用来分派股利，实质上是留存利润的凝固化、资本化，不是真实意义上的股利。股票股利并无资产从企业流出，发给股东的仅仅是其在公司的股东权益份额和价值，股东在公司里占有的权益份额和价值，分不分股票股利都一样，没有变化。

发放股票股利可使股东分享公司的盈利而无须分配现金，使公司留存了大量的现金，便于进行再投资，有利于公司的长期发展。与此同时，股票股利将不影响所有权益的总额，资产、负债等均不发生变化。发放股票股利往往会向社会传递公司将会继续发展的信息，从而提高投资者对公司的信心，在一定程度上稳定股票价格。但在某些情况下，发放股票股利也会被认为是公司资金周转不灵的征兆，从而降低投资者对公司的信心，加剧股价的下跌。

3. 股票回购

股票回购是指上市公司利用现金等方式，从股票市场上购回本公司发行在外的一定数额的股票的行为。公司在股票回购完成后可以将所回购的股票注销。但在绝大多数情况下，公司将回购的股票作为"库存股"保留，不再属于发行在外的股票，且不参与每股收益的计算和分配。库存股日后可移作他用，如发行可转换债券、雇员福利计划等，或在需要资金时将其出售。当公司回购自己股票时，资产流向股东，从债权人角度看，股票回购类似于现金红利。

上市公司进行股票回购，往往出于以下目的。

（1）反收购措施。股票回购在国外经常是作为一种重要的反收购措施而被运用。回购将提高本公司的股价，减少在外流通的股份，给收购方造成更大的收购难度；股票回购后，公司在外流通的股份少了，可以防止浮动股票落入进攻企业手中。

（2）改善资本结构。股票回购是改善公司资本结构的一个较好途径。利用企业闲置的资金回购一部分股份，虽然降低了公司的实收资本，但是资金得到了充分利用，每股收益也提高了。

（3）稳定公司股价。过低的股价无疑将对公司经营造成严重影响。股价过低，人们会对公司的信心下降，消费者会对公司产品产生怀疑，会削弱公司出售产品、开拓市场的能力。在这种情况下，公司回购本公司股票以支撑公司股价，有利于改善公司形象，股价在上升过程中，投资者又重新关注公司的运营情况，消费者对公司产品的信任增加，公司也有了进一步配股融资的可能。因此，在股价过低时回购股票，是维护公司形象的有力途径。

我国《公司法》规定，公司只有在以下四种情形下才能回购本公司的股份：①减少公司注册资本。②与持有本公司股份的其他公司合并。③将股份奖励给本公司职工。④股东因对股东大会作出的合并、分立决议持异议，要求公司收购其股份。

（三）股票分割

1. 股票分割的含义

股票分割是指将一张较大面值的股票拆成几张较小面值的股票。股票分割对公司的资本结构不会产生任何影响，一般只会使发行在外的股票总数增加，资产负债表中股东权益各账户（股本、资本公积、留存收益）的余额都保持不变，股东权益的总额也保持不变。

股票分割不属于股利分配，但与股票股利在效果上有一些相似之处，即股票分割也不直接增加股东的财富，不影响公司的资产、负债和所有者权益的金额变化。与股票股利的不同之处在于股票股利影响所有者权益各项目的结构发生变化，而股票分割不会改变公司的所有者权益结构。

2. 股票分割的作用

（1）股票分割会在短时间内使公司股票每股市价降低，买卖该股票所必需的资金量减少，易于增加该股票在投资者之间的换手，并且可以使更多的资金实力有限的潜在股东变成持股的股东。因此，股票分割可以促进股票的流通和交易。

（2）股票分割可以向投资者传递公司发展前景良好的信息，有助于提高投资者对公司的信心。

（3）股票分割可以为公司发行新股做准备。公司股票价格太高，会使许多潜在的投资者力不从心而不敢轻易对公司的股票进行投资。在新股发行之前，利用股票分割降低股票价格，可以促进新股的发行。

（4）股票分割有助于公司并购政策的实施，增加对被并购方的吸引力。

（5）股票分割带来的股票流通性的提高和股东数量的增加，会在一定程度上加大对公司股票恶意收购的难度。

（6）股票分割在短期内不会给投资者带来太大的收益或亏损，即给投资者带来的不是现实的利益，而是给投资者带来了今后可多分股息和更高收益的希望，是利好消息，因此对除权日后股价上涨有刺激作用。

3. 股票分割对每股收益和每股市价的影响

虽然股票分割不属于某种股利政策，但和股票股利一样，它会对公司的每股收益、每股市价产生影响。在其他条件不变的情况下，进行股票分割会使公司的每股收益和每股市价下降。

第六章 财务比率（指标）分析

第一节 盈利能力分析

一、盈利能力的基本概念

盈利能力是指企业在一定时期内获取利润的能力。盈利能力体现了企业运用其所支配的经济资源开展某种经营活动，从中赚取利润的能力。企业的经营活动是否具有较强的盈利能力，对企业的生存和发展至关重要。

盈利能力分析就是通过一定的分析方法，判断企业能获取多少利润的能力。企业的盈利能力无论对于企业的投资者、债权人，还是衡量企业经理人员的经营业绩和企业职工的工作效率等都是至关重要的。因此，盈利能力分析是企业利益相关者了解企业、认识企业、改进企业经营管理的重要手段之一。但不同的报表使用者对盈利能力分析的侧重点、方式不同等，因而企业盈利能力分析对不同报表使用者来说，意义也各不相同。

第一，有利于投资者进行投资决策。企业的投资者进行投资的目的是获取更多的利润，投资者总是将资金投向盈利能力强的企业。

第二，有利于债权人衡量投入资金的安全性。债权人通过分析企业的盈利能力来衡量收回本息的安全程度，从而使借贷资金流向安全、利润率高的社会生产部门。

第三，有利于政府部门行使社会职能。企业盈利能力强，就意味着实现的利润多，对政府税收贡献大。

第四，有利于企业职工判断职业的稳定性。企业盈利能力强弱、经济效益大小，直接关系到企业员工的自身利益，实际上也成为人们选择职业的一个比较重要的衡量条件。

第五，有利于企业管理人员对企业进行经营管理。持续、稳定地经营和发展是获取利润的基础，而最大限度地获取利润又是企业持续稳定发展的目标和保证。

保持最大的盈利能力是企业财务工作的目标，同时也是企业实现持续健康发展的根本保证。由于盈利能力是企业组织生产经营活动、销售活动和财务管理水平高低的综合体现，因而企业盈利能力是企业所有利益相关集团和投资者共同关注的问题。

企业投资者和潜在投资者关注盈利能力，是因为他们的股息收入来自利润，而且企业盈利增加还能使股票价格上升，从而使股东获得资本增值。企业债权人关注盈利能力，是因为企业利润是其债权安全性的保障，是企业偿债能力的主要来源。由于企业盈利能力的大小是企业资产结构是否合理、营销策略是否成功、经营管理水平高低的主要表现，因此，企业管理当局为了衡量业绩、发现问题、履行和承担受托经营责任，当然同样会非常关心企业自身的盈利能力。对于政府机构，企业盈利水平是其税收收入的直接来源，获得的多寡直接影响财政收入的实现。因此，盈利能力对所有报表使用者都是十分重要。

企业作为自主经营、自负盈亏的独立商品生产者和经营者必须维护其资本的完整并最大可能地获取利润，这样才能向股东发放股利，增加雇员薪金，保证可靠的偿债能力，才能使企业健康、顺利的发展。只有净资产得到保全和维护并取得盈余，才能保持企业经济实力，保证国家财政收入的稳定，才有利于整个国民经济的健康发展。因此，盈利能力分析在财务报表分析中处于非常重要的地位。

二、企业盈利能力的指标分析

企业的利润多少取决于企业生产经营的业绩、取决于生产经营规模的大小、经济资源占有量的多少、投入资本的规模以及产品本身价值等因素。利润总额的高低不能作为衡量企业盈利能力的唯一标准。不同的企业，由于拥有的资产规模不同，实现的利润额差别很大；同一企业处在不同时期，往往也由于生产经营规模和产品品种的变化，引起利润额较大幅度的增减。因此，根据利润额的变动来判断企业利用所掌握的经济资源获取利润的能力受到一定的限制，而利润率指标可克服这一缺陷，采用利润率指标更适合于评价企业的盈利能力。

盈利能力分析是通过对利润表中有关项目对比关系，以及利润表和资产负债表有关项目之间关联关系的分析，来评价企业当期的经营效率和未来获得能力的发展趋势。对于企业盈利能力的分析，可以从企业的经营盈利能力和投资盈利能力两个方面予以展开。

（一）企业的经营盈利能力分析

对于企业的经营盈利能力的分析，主要通过销售毛利率、销售净利率、成本费用利润率等指标。

1. 销售毛利率

销售毛利率是指销售毛利额同销售收入净额的比率。其计算公式为：

$$销售毛利率＝销售毛利额÷销售收入净额$$

$$销售毛利＝营业收入－营业成本$$

上式中，销售收入净额是指扣除销售折让、销售折扣和销售退回之后的销售收入；销售毛利额是指企业生产经营取得的营业收入扣除营业成本后的净额。

上述公式主要反映企业主营业务的盈利能力和获得水平，体现了企业生产经营活动最基本的获得能力。没有足够大的销售毛利率就无法形成企业的最终利润，毛利是企业利润形成的基础。单位销售收入的毛利越高，说明抵补企业各项经营支出的能力越强，盈利能力越高；反之，盈利能力越低。

2. 销售净利率

销售净利率是指企业一定期间的净利润同销售收入（营业收入）的比率，反映企业销售收入的获得水平。其计算公式为：

$$销售净利率＝净利润÷销售收入（营业收入）$$

影响销售净利率的因素很多，既有销售结构、销售价格与销售成本等的影响，也有市场环境及行业特点等其他因素的影响，而与销售数量则与其无直接关系。销售净利率是反映企业经营盈利能力的一个代表性指标。我们通过对这一指标的具体分析，一方面可以反映企业一定时期短期盈利能力的强弱；另一方面也可以揭示出企业在提高经营盈利能力方面存在的问题、取得的成绩及其今后须进一步努力的措施。

3. 成本费用利润率

成本费用利润率是指一定时期内企业利润总额和成本费用总额之间的比例关系，表示企业每耗费 1 元成本或费用所能创造的利润额。它提示了企业所得与所费之间的关系，是衡量企业盈利能力的重要指标。其计算公式为：

$$成本费用利润率＝利润总额÷成本费用总额$$

上式中的利润总额和成本费用总额来自利润表。成本费用一般指营业成本、税金及附加和"三项费用"（销售费用、管理费用、财务费用）。成本费用利润率从耗费角度补充评价企业的收益状况和盈利水平，有利于促进企业加强内部管理，节约支出，提高经营效益。每一个企业都力求以最少的耗费获取最大的利润，因此该比率越高，表明企业为取得收益所付出的代价越小，企业成本费用控制得越好，企业的获得能力越强。

值得注意的是，成本费用利润率指标的对比双方，利润总额同成本费用总额计算的口径并不十分匹配。成本费用总额反映企业生产经营业务活动的支出或耗费，而利润总额反映的是企业营业的和非营业的以及特殊的收支活动的最终结果，但是，它是反映企业成本费用和利润的总额指标，所以主要用于对企业整体的获得能力的评价。

（二）投资盈利能力分析

投资盈利能力分析是指通过对实现利润和占用投入资金比率的分析，来评价企业投入资金的增值能力。企业资金主要来自债权人权益和所有者权益。资金一旦投入企业，就必然形成各种形态的资产。企业在一定时期占用的资产越少，获取的利润越大，资产的获得能力就越强。因此，企业的信息需求者可以进行资产获得能力分析，衡量资产的运用效益，从总体上反映投资效果。另外，由于所有者权益资本在企业发展中具有举足轻重的地位，企业必须提高投资报酬，以吸引现有投资者继续投资以及潜在投资者进行投资。因而投资盈利能力分析又可以立足于所有者的角度，进行所有者投资获得能力分析。

综上所述，投资盈利能力分析的指标包括总资产报酬率、净资产收益率、每股收益和市盈率。

1. 总资产报酬率

总资产报酬率又称总资产收益率，是指企业一定时期内获得的报酬总额与平均资产总额的比率。它用于衡量来源于不同渠道（即债务融资和股权融资）的企业全部资产的总体获得能力。其计算公式为：

总资产报酬率＝息税前利润÷平均资产总额＝

（利润总额＋利息费用）÷平均资产总额＝

（净利润＋所得税费用＋利息费用）÷平均资产总额

上式中，利息费用是指企业在生产经营过程中实际支出的借款利息和债券利息，包括计入财务费用的利息费用和计入固定资产原值的利息费用；利润总额是指企业实现的全部利润；平均资产总额＝（期初资产总额＋期末资产总额）÷2。

在一般情况下，企业可根据总资产报酬率与市场利率进行比较，如果该指标大于市场利率，则表明企业可以适度利用财务杠杆进行负债经营，获取尽可能多的收益。

2. 净资产收益率

净资产收益率又称所有者权益报酬率，是指企业一定时期内的净利润同平均净资产的比率。该比率充分体现了投资者投入企业的自有资本获取净收益的能力，反映了投入资本及其积累与报酬的关系，是评价企业资本经营效率的核心指标。其计算公式为：

$$净资产收益率＝净利润÷平均净资产$$

上式中，净利润是指企业的税后利润；平均净资产即平均所有者权益，平均净资产＝（所有者权益年初数＋所有者权益年末数）÷2。

净资产收益率是反映企业自有资本及其积累获取报酬水平的最具综合性与代表性的指标。该指标不受行业不同的限制，通用性强，适用范围广。一般来说，净资产收益率越高，资本运营效益越好，投资者和债权人受保障的程度也越高。在我国的国有资本总效绩评价指标体系中，净资产收益率指标所占权重大大高于其他指标。由此可见，净资产收益率在企业效绩评价中处于核心地位。

净资产收益率作为企业资本效益的最终反映，是企业偿债能力、营运能力和获利能力综合作用的结果。因此，要想对所有者权益的盈利状况作出客观、合理的评价，还需要对各方面的影响因素进行深入分析。

3. 每股收益

每股收益是企业净收益扣除优先股股利后于流通在外普通股加权平均数的比率。它反映企业平均每股普通股获得的收益，是衡量上市公司获利能力的重要指标。该指标具有引导投资、增加市场评价功能、简化财务指标体系的作用。

每股收益是评价上市公司获利能力的基本指标和核心指标，它反映了企业的获利能力，决定了股东的收益质量。每股收益分为简单资本结构与复杂资本结构两方面，我们这里仅从简单结构展开对每股收益的分析。

所谓简单资本结构，是指某一股份制企业仅发行普通股，除发行普通股外另发行了无潜在稀释作用的不可转换的优先股等其他证券，或除发行普通股外，另发行了具有潜在稀释作用的其他证券，但其潜在稀释作用在3%以下，我们称满足上述条件的资本结构为简单资本结构。其中，稀释作用是指可转换证券一旦转换为普通股，或流通在外的认股证与认股权用于购买普通股之后，将使流通在外的普通股数增加，从而导致普通股每股收益减少。

在简单资本结构下，每股收益是指本年净收益与年末普通股数的比值。其计算公式为：

$$每股收益＝净利润÷年末普通股股数$$

计算每股收益时要注意以下问题：

（1）编制合并报表的公司应以合并报表数据计算该指标。

（2）如果公司发行了不可转换优先股，则计算时要扣除优先股股数及其分享的股利，以使每股收益反映普通股股东的收益状况。此时其计算公式为：

$$每股收益＝（净利润－优先股股利）÷（股份总数－优先股股数）$$

已作为部分扣除的净利润，通常被称为"盈余"，扣除优先股股利后计算的每股收益又称为"每股盈余"。

（3）公式中分母使用"年末普通股份总数"，主要适用于本年普通股股数未发生变化的情况。由于计算各种财务比率时要求分子和分母口径对称，在会计年度内如果有增发新股、发放股票股利、实施股票分割等情况时，将使流通在外的股数发生变化，这时应以加权平均股数作为每股收益的计算基础。此时其计算公式为：

$$每股收益＝（净利润－优先股股利）÷流通在外普通股加权平均股数$$

其中，流通在外普通股加权平均股数是指在某一特定时期内每日流通在外股数乘以流通日数，求出其积数，然后加总个别积数，求出总积数，最后再将总积数除以该期间之总日数，即为其加权平均股数。

4. 市盈率

与每股收益一样受到投资者普遍关注的另一个指标是市盈率。市盈率也称价格收益比，是普通股每股市价与普通股每股收益的比值，它反映了投资者对每股收益所愿支付的价格，可以用来判断本企业股票与其他企业股票相比的潜在价值，是上市公司市场表现中最重要的指标之一。其计算公式为：

$$市盈率＝普通股每股市价÷普通股每股收益$$

上式中，普通股每股市价通常采用年度平均价格，即全年各日收盘价的算术平均数。为简化起见，并增强其适时性，亦可采用报告日前一日的现时股价。

市盈率是投资者用于衡量某种股票投资价值和投资风险的常用指标。它是市场对公司的共同期望指标。市盈率高，说明投资者对该公司的盈余品质较具信心，且预期将来的盈余提高。

一般来说，在同时流通的各公司股票中，某一股票的市盈率越低，则其投资价值越高，投资风险越小，但是也有可能说明该公司发展前景欠佳，缺乏对投资者的吸引力；反之，市盈率越高，说明该公司发展前景良好，投资者普遍持乐观态度，愿意承受较大的投资风险。

但是市盈率越高，并不能表示其质量越好。当公司总资产报酬率很低时，每股收益可能接近于零，以每股收益为分母的市盈率很高，但这并不意味着该公司具有良好的盈余品质和发展前景。另外，当资本市场不健全、交易失常或有操纵市场现象时，股票价格可能与公司盈利水平脱节，从而造成假象，使得市盈率难以真正达到评价企业盈利能力的目的。因此，以市盈率评价企业盈利能力主要应看其变动的原因及其趋势，并结合其他指标综合考虑。

三、盈利能力与偿债能力的关系

（一）偿债能力与盈利能力的统一性

1. 保持最大的盈利能力是企业追求的最终目标

企业的生产经营围绕着企业利润最大化这一中心来运转，以提高企业盈利能力为己任，并以做好各自的本职工作来体现企业的总体意志。财务工作也不例外，财务工作的基本职责无疑是积极争取良好的财务状况，因此，企业财务状况的好坏集中地反映在企业偿债能力的大小上，换言之，财务工作应在有效保证偿债能力的基础上，不断追求盈利能力的最大化，并使两大财务能力有机地协调统一起来。可见，有效维持企业偿债能力的合理化程度，是财务工作提高企业盈利的条件和手段，提高企业盈利能力才是财务工作的目标。

2. 保持最大的盈利能力会大大改善企业财务状况

在一定时期内，利润额增加尽管并不完全或并不直接地引起企业资金增量的相应增长，但这并不排除它对财务筹资、财务投资、收益分配等各项财务工作的有效开展起到保证与促进作用。而且，从一个较长的时期观察，利润水平的提高最终会在资金流量上得到反映，甚至会引起资本结构得到更加合理的调整，从而有利于增强企业的偿债能力。从根本上说，两大财务能力是相辅相成、相互支持、密不可分的。如果把盈利能力的提高视为企业的总体目标或一级目标，提高偿债能力便是提高盈利能力的一个重要条件、手段或基础。也正因为如此，我们把偿债能力与盈利能力视为财务领域中的两大基本能力。

（二）偿债能力与盈利能力的矛盾性

两大财务能力间的关系是如此密切，然而，它们之间的矛盾也是客观存在的。在实际生活中，一个具有很强盈利能力的企业会时常痛感资金短缺的压力，而一个亏损企业有时会出现资金暂时的剩余闲置。更令人困惑的是，当企业致力于提高盈利能力时，却可能使偿债能力下降；而当企业竭力改善财务状况、提高偿债能力时，又可能影响盈利水平。此矛盾令企业、财务人员头痛。要解决此矛盾，必须先深入分析矛盾。归纳起来，盈利能力与偿债能力之间的矛盾关系有以下三种情况。

第一，盈利能力是一个时期数，偿债能力是一个时点数。一个企业盈利能力体现在一定时期内总收入超过总支出的数量大小上，超出额越大，盈利能力越高；而偿债能力则反映企业在每一时点上货币资金或其等价清偿债务的及时性、有效性。如果企业不能及时偿还一切随时可能到期的债务，则反映企业偿债能力较弱。如果企业有时能清偿债务，有时又拖欠债务，也表明该企业偿债能力不足或财务状况不稳定。经济生活中经常出现的一些异常现象比较深刻地反映了此矛盾。

一般而言，企业应该千方百计地追求利润的最大化；而在偿债能力方面，只需要考虑到"安全性"就行。也就是说，一个企业只需要保持一定量的货币资金能够清偿预期可能到期的债务就行。货币资金过多，会形成资金积压，导致机会收益的损失；货币资金过少，则会影响生产经营顺利进行，影响企业信誉甚至迫使企业破产。当然，事物总是在发展变化的，伴随着追求利润的最大化，一般会导致生产规模的扩大，应收款项增多，库存增加，相应地使引进资金需求量的扩大，进而加重企业偿债负担。在企业生产经营的万端变化中，盈利能力与偿债能力总是处在相互制约的矛盾之中。

第二，不适当地追求盈利能力会使偿债能力下降。假定某企业根据历史情况及对未来的预测，确定企业经常保存 1 万元的货币资金是必要的。如果该企业不适当地致力于用这 1 万元资金去追求更高的投资利润，则会引起偿债能力不足。

第三，不适当地追求偿债能力的提高，尽管可以减少财务风险，却会引起盈利能力下降。

第二节　偿债能力分析

企业的债权人或者潜在的债权人为了确保企业能及时收回债权，需要分析企业的偿债能力。企业自身为了及时偿还债务，避免或者降低财务风险也需要关注自己的偿债能力，进而做好财务筹划，确保企业正常运营。企业的债务按照偿还的期限划分，分为短期债务和长期债务。在一年以内或超过一年的一个营业周期内需要偿还的债务是短期债务。一年以上，或超过一年的一个营业周期以上需要偿还的债务是长期债务。因此企业的偿债能力分析也相应划分为短期偿债能力分析和长期偿债能力分析。

一、短期偿债能力分析

短期偿债能力是指公司以流动资产支付流动负债的能力，因此，一般又称为支付能力。公司短期偿债能力的大小，对公司的债权人、投资者、职工、客户都是非常重要的。

作为公司的债权人，除了可从公司收回本金及按期收取利息外，没有权利与公司所有者分享利润，更无权参与公司的管理，所以，债权人特别关注公司的偿债能力，以保障债权的安全性。对投资者来说，他们也非常关注短期偿债能力，因为当公司的流动资产不足以抵挡流动负债时，就会影响到公司的信誉，从而使公司在资金市场上筹集发生困难，加大资金筹集的成本，并会丧失多种投资机会，有损于公司的获利能力，从而有可能导致股票价格下跌。对公司职工来说，如果公司的偿债能力差，就可能无法发放工资，也有可能因发生裁员而使其失去工作机会。对客户来说，公司的短期偿债能力差，供应者将无法收回账款；公司的产品购买者也会因公司生产的不足，无法按时发货而影响到进货来源。所以，短期偿债能力的大小不仅是公司履行短期偿债能力的一个标志，也是衡量公司获利能力、投资能力的一个重要因素。

公司的短期偿债能力一般取决于营运资金的多少和资产变现速度的快慢。考核公司短期偿债能力的指标主要有流动比率、速动比率、现金比率等。

（一）流动比率

流动比率是流动资产与流动负债的比率，它表明每1元流动负债有多少流动资产作为偿还的保障，反映企业用可在短期内转变为现金的流动资产偿还到期流动负债的能力。其计算公式如下：

$$流动比率 = \frac{流动资产}{流动负债}$$

一般情况下，流动比率越高，反映短期偿债能力越强，短期债权人越放心。按照西方企业的长期经验，认为2∶1是较适宜的比例。但这一指标到底多少较为理想，主要取决于企业自身的特点以及其现金流量的可预测程度等。对于企业管理层来说，该比率过高或过低都是不合适的。若过高，则可能是因应收账款占用过多，存货呆滞、积压而导致的结果，从而影响资金的使用效率和盈利能力；若过低，则表示企业可能捉襟见肘，难以如期偿债。因此，分析流动比率时要注意流动资产的结构、流动资产的周转情况、流动负债的数量与结构等情况。

流动比率对于衡量公司短期偿债能力是一个比较可靠的指标，但在具体运用时还应注意以下几个问题：

（1）虽然流动比率越高，公司偿还短期债务的流动资产保证程度越强，但这并不等于说已有足够的现金或存款用来偿债。

（2）从短期债权人角度看，自然希望流动比率越高越好。但从公司经营角度，过高的流动比率通常意味着公司闲置现金持有量过多，必然造成公司机会成本的增加和获利能力的降低。因此，公司应尽可能将流动比率维持在不使货币资金闲置的水平。

（3）流动比率是否合理，不同的公司以及同一公司不同时期的评价标准是不同的，因此，不应用单一的标准来评价各公司流动比率合理与否。

（二）速动比率

速动比率是企业速动资产与流动负债的比率。速动资产包括货币资金、短期投资、应收票据、应收账款净值和其他应收账款等流动资产，而存货、预付账款、待摊费用等其他流动资产则不应计入。这一比例用于衡量企业流动资产中可以立即用于偿付流动负债的真实能力。其计算公式如下：

$$速动比率 = \frac{速动资产}{流动负债}$$

所谓速动资产是指流动资产减去变现能力较差且不稳定的存货、待摊费用后的余额。由于剔除了存货等变现能力较弱且不稳定的资产，因此，速动比率较之流动比率能够更加准确、可靠地评价公司资产的流动性及偿还短期负债的能力。

一般认为，速动比率为1∶1时是安全的。因为如果速动比率小于1，必使企业面临很大的风险；如果速动比率大于1，尽管债务偿还的安全性很高，但会因企业现金及应收账款资金占用过多而大大增加企业的机会成本。但由于各个行业的经营特点不同，判别的标准也各异。根据经验，工业企业的速动比率在1∶1，而商业企业的速动比率在1∶2比较合适。

需要强调的是：尽管速动比率较之流动比率更能反映出流动负债偿还的安全性和稳定性，但并不能认为速动比率较低公司的流动负债到期绝对不能偿还。实际上，如果公司存货流转顺畅变现能力强，即使速动比率较低，只要流动比率高，公司仍然可以偿还到期的债务本息。所以，在分析速动比率时，如果能结合流动比率进行，所得结论的正确性会更高。

（三）现金比率

现金比率是企业现金类资产与流动负债的比值

$$现金比率 = \frac{现金 + 短期有价证券}{流动负债}$$

现金类资产包括企业所拥有的货币资金和持有的有价证券即资产负债表中的短期投资。它是速动资产扣除应收账款后的余额。由于应收账款存在着发生坏账损失的可能，某些到期的账款也不一定能按时收回，因此，速动资产扣除应收账款后计算出来的金额，最能反映企业直接偿付负债的能力。根据经验判断，认为现金比率在25%左右比较适宜。过高的现金比率却意味着企业筹资的流动负债未能有效的运用；过低的现金比率则表明企业的直接偿还流动负债的能力弱。

偿债的风险与机会成本的约束，要求企业必须选择一个合理的现金比率，既能保证短期债务偿还的现金需要，又尽可能降低过多持有现金的机会成本。一般而言，现金比率的高低，主要取决于下列因素的影响：①日常经营的现金支付需要；②应收账款、应收票据的收现周期；③短期有价证券变现的顺利程度；④公司筹集短期资金的能力等。

二、长期偿债能力分析

长期偿债能力分析不同于短期偿债能力。长期债权人所关心的是公司有无能力在借款期限内按时付息以及在借款到期时偿清借款，所以长期偿债能力对于债权人来说是非常重要的，它能提供投资者投入资金对债权人的安全保障程度。

（一）资产负债率

资产负债率亦称负债比率，是企业负债总额与资产总额之比，即每一元资产所承担负债的数额。它是衡量企业负债偿还物质保证程度的指标。其计算公式为：

$$资产负债率 = \frac{负债总额}{资产总额}$$

上述公式中的"负债总额"包括非流动负债和流动负债；"资产总额"包括企业的流动资产、长期投资、固定资产、无形资产及其他资产等。

资产负债率也表示企业债权人提供资金的利用程度。如果该指标较大，从企业所有者角度来讲，利用较小的自有资本投资，就形成了较多的经营用资产，扩大了经营规模；从企业经营者角度来讲，在经营状况良好的前提下，还可以利用财务杠杆原理获取一定的杠杆效益。但是负债比率过高，则财务风险会超出企业的承受能力；一旦达到100%以上，则表明企业已资不抵债，已达到破产的警戒线，债权人将蒙受巨大的损失，债权人为维护自己的利益，可向人民法院申请企业破产。因为企业的资金是由所有者权益和负债构成的，所以企业资产总额应该大于负债总额，资产负债率应该小于100%，如果企业的资产负债率在50%以下，则说明企业有较好的偿债能力和负债经营能力。因此，评价这个指标的标准，一般以50%左右为好。

（二）负债与所有者权益比率

负债与所有者权益比率是指企业负债总额与所有者权益之间的比率，它反映企业所有者权益对债权人权益的保障程度。这一比率越低，表明企业的长期偿债能力越强，企业财务风险越小。在这种情况下，企业再举债能力也较强，债权人将愿意向企业增加贷款。其计算公式如下：

$$负债与所有者权益比率 = \frac{负债总额}{所有者权益}$$

由于企业中存在"资产=负债+所有者权益"这一会计等式，所以该比率与资产负债率只是从不同角度表示对债权的保证程度，两者的经济意义是一致的，具有相互补充的作用。在西方，研究资本结构时，着重讨论的是长期负债与所有者权益之间的比例关系，这也是我们应该知道与了解的。

（三）有形资产负债

并非企业所有的资产都可以作为偿债的物质保证，不仅在清算状态下，长期待摊费用、递延税项等难以作为偿债的保证，即使在企业持续经营期间，上述资产的摊销价值也需要依靠存货等资产的价值才能得以补偿和收回，其本身并无直接的变现能力，且还要对其他资产的变现能力产生反向影响。至于无形资产当中的商誉、商标、专利、非专利技术等能否用于偿债，也存在极大的不确定性，所以，可用有形资产负债率这一比较稳健的指标对企业的长期偿债能力进行评价，其计算公式为：

$$有形资产负债率 = \frac{负债总额}{有形资产总额}$$

上式中：有形资产总额=资产总额−（无形资产及其他资产+递延税项+长期待摊费用+待处理财产损失）

（四）利息保障倍数

利息保障倍数也叫已获利息倍数，是指企业息税前利润与利息费用的比例，其计算公式为：

$$利息保障数等 = \frac{息税前利润}{利息费用}$$

上式中：息税前利润=净利润+所得税+利息费用

利息保障倍数不仅反映了企业获利能力的大小，而且反映了获利能力对偿还到期债务的保证程度，它既是企业举债经营的依据，也是衡量企业长期偿债能力大小的重要标志。这个指标越高，表明企业债务利息到期支付的风险越小，债务本金的偿还也越有保障；反之，则表明企业没有足够的资金来源偿还债务利息，债务本金的偿还就无保障，偿债能力就较低。这个指标的标准界限，因企业所处的行业不同而不同，一般认为已获利息倍数以 3~4 倍为好。该指标如果略大于 1，则表明企业负债经营能赚取比资本成本略高的利润，但仅能用于维持企业的正常经营；如果大大超过 1，则表明企业负债经营能够赚取比资本成本更高的利润，不仅能维持企业的正常经营，还能有较多的盈余；如小于 1，则表明企业负债经营赚取的利润无法弥补资本成本，企业负债的风险很大。国外一般选择计算企业五年的利息保障倍数，以充分说明企业稳定偿付利息的能力。

第三节　资产使用效率分析

一、短期资产运营能力分析

（一）应收账款营运能力分析

应收账款是指企业因销售商品、产品或提供劳务等而应向购货客户或接受劳务的客户收取的款项。

各种应收账款的共同特点是企业只有在未来才能收到现金，并且应收账款的收回在很大程度上取决于付款方的信用，受这两个方面因素的影响，应收账款存在着收不回来的可能性。因此，对应收账款的质量和应收账款周转率的分析是分析其营运能力的重点。

1. 应收账款的质量分析

所谓应收账款的质量，是指债权转化为货币的质量。应收账款既可转化为现实货币，又可转化为坏账，形成损失。因此，在既定的债权规模下，对应收账款质量的分析尤为重要。

对应收账款的质量分析，主要有以下几种方法。

（1）对债权的账龄进行分析。企业已发生的应收账款时间有长有短，有的尚未超过信用期，有的则超过了信用期。账龄分析法是通过对现有债权按其欠账期的长短（即账龄）进行分析，进而对不同账龄的债权分别判断其质量。一般而言，未过信用期或已过信用期但拖欠期较短的债权出现坏账的可能性比已过信用期较长时间的债权发生坏账的可能性要小。

（2）对债务人的偿债信誉进行分析。在很多情况下，企业债权的质量，不仅与债权的账龄有关，更与债务人的偿债信誉有关。对于资信好、经济实力强的债权人而言，其偿债能力有保障，偿债信誉也好，企业债权收回的可能性也就越大。而对于某些偿债信誉较差的债务人而言，企业收回债权的可能性就要差些。

（3）对应收账款坏账准备计提是否充分进行分析。坏账准备的计提是对未来损失的估计，合理估计应收账款的坏账损失是对应收账款价值真实反映的基础。有数据显示，企业时常通过变更坏账损失估计标准来进行盈余管理。因此，分析者应关注坏账准备计提方法以及计提标准，尤其关注这些内容的变化。

2. 应收账款周转率

应收账款周转率又称为应收账款周转次数，是指企业一定时期内销售收入净额与平均应收账款余额的比率，它表明年度内应收账款转为现金的平均次数，说明应收账款流动的速度。用时间表示的周转速度是应收账款周转天数，也叫平均应收账款回收期，它表示企业从取得应收账款的权利到收回款项、转换为现金所需要的时间。其计算公式为：

$$应收账款周转率（次）= 营业收入净额 \div 平均应收账款余额$$

$$应收账款周转天数 = 360 \div 应收账款周转率$$

上式中，"平均应收账款余额"是指未扣除坏账准备的应收账款余额，它是资产负债表中"期初应收账款余额"与"期末应收账款余额"的平均数。"营业收入净额"是指损益表中扣除折扣和折让后的销售净额。尽管从理论上用"赊销净额"（即用"销售净额"扣除"现金销售"）来代替"销售净额"计算更为合理些（因为现金销售与应收账款无关），但是，不仅财务报表的外部使用者无法取得该数据，财务报表的内部使用者也未必容易取得该数据。因此，在实务中多采用"销售净额"来计算应收账款周转率。事实上，只要保持历史的一贯性，这种近似计算一般不影响对该指标的分析和利用。

有关应收账款周转率的分析如下。

第一，一般而言，应收账款周转率越高，平均收款期越短，说明企业的应收账款回收得越快，企业资产流动性增强，企业短期偿债能力也较强；同时，提高这一比率也降低了坏账发生的可能性，为企业安全收款提供保障。反之，企业的营运资金过多地停滞在应收账款上，会严重影响企业资金的正常周转。但是如果这一比率过高，则可能是由于企业的信用政策、付款条件过于苛刻所致，这样会限制企业销售量的扩大，影响企业的盈利水平。

第二，某些因素会影响该指标的计算。这些因素包括：生产经营的季节性；企业在产品销售中大量使用分期付款的方式；大量使用现金结算的销售；年末大量销售或年末销售量大幅度下降。这些因素都会对该指标的计算结果产生较大的影响。财务报表的使用人可以将计算出的指标与该企业前期指标，与行业平均水平或其他类似企业的指标相比较，并判断该指标的高低。

（二）存货营运能力分析

存货是企业重要的流动资产之一，通常占流动资产总额的一半以上。与其他流动资产相比，存货的变现能力相对较弱，因此当存货过多时，由于其在流动资产中所占的比重上升，流动资产总体的变现能力会有所下降，从而影响企业的短期偿债能力；另外，过多的存货占用企业大量资金，影响企业的资金周转，同时还会增加存储成本及磨损或霉变等损失。然而，存货又是企业生产经营的前提和条件，存货量不足，就无法满足企业正常生产经营的需要，容易导致企业生产经营的中断，使企业失去获利机会。

1. 存货增减变动分析

存货增减变动的分析，首先要考察全部存货期末余额与全部存货期初余额及计划占用额的增减变动差异，其次要了解各项存货的增减变动情况及其原因。

引起存货发生增减变动的原因是多方面的，下面进行具体分析。

（1）材料存货变动原因分析。材料类存货的主要项目是原料及主要材料，因此，应重点分析原料及主要材料变动的原因。影响原料及主要材料变动的主要因素有：期初结存量、本期购入量、本期耗用量及材料单价。

（2）在产品存货变动原因分析。影响在产品存货增减变动的因素主要有：生产周期变动（延长则在产品存货增加，反之减少）；产品产量变动（在产品存货随产量增减相应地增减）；单位成本变动。

（3）产成品存货变动原因分析。产成品存货的变动与材料存货的变动类似，可以从期初结存量、本期生产量、本期销售量和产品单位成本四个方面进行分析。

另外，在分析各种存货储备时，还应查明在存货占用中有无因管理不善或违反规定而形成虚假存货的情况。例如，有无因管理不善或未及时处理而造成存货损坏变质、数据短缺、价值减少；有无在领用存货时，以多报少、少转成本等形成库存存货余额虚增；有无因核算错误造成存货价值虚增等。

以上各种不合理的虚占资金，将会给企业造成虚盈实亏、资金流失的后果。因此，在分析时应充分重视，以促进企业改进存货管理。

2. 存货周转率

存货周转率是企业一定时期营业成本与平均存货的比率。它是衡量和评价企业购入存货、投入生产、销售退回等各环节管理状况的综合性指标。其计算公式为：

$$存货周转率（次）＝营业成本÷平均存货$$

$$存货周转天数＝360÷存货周转率$$

上式中，营业成本是指企业销售产品或提供劳务等经营业务的实际成本。存货是指企业在生产经营过程中为销售或用于储备的材料；平均存货是存货年初数与年末数的平均值，即

$$平均存货＝（存货年初数+存货年末数）÷2$$

有关存货周转率指标的分析如下。

第一，一般来讲，存货周转速度越快，存货的占用水平越低，流动性越强，存货转换为现金或应收账款的速度就越快。提高存货周转率可以提高企业的变现能力，虽然一般来说存货周转率越慢变现能力越差，但是存货周转率越高，也可能说明企业管理方面存在其他的一些问题，如存货水平太低，甚至经常缺货，或者采购次数过于频繁、批量太小等。因此，合理的存货周转率应视产业特征、市场行情及企业自身特点而定。

第二，由于对发出存货的计价处理存在着不同的会计方法，如先进先出法、加权平均法等，在与其他企业进行比较时，应考虑因会计处理方法的不同而产生的影响。

此外，企业经营者和报表外部使用者还应对影响存货周转速度的重要项目进行分析，如分别计算产成品周转率、原材料周转率，在产品周转率或某种存货的周转率。其计算公式为：

$$产成品周转率＝产品销售成本÷平均产成品存货$$

$$原材料周转率＝耗用原材料成本÷平均原材料存货$$

$$在产品周转率＝制造成本÷平均在产品存货$$

对存货周转率进行分析的目的是从不同的角度和环节找出存货管理中的问题，使存货管理在保证生产经营连续性的同时，尽可能少地占用企业的经营资金，提高企业资金的使用效率，促进企业管理水平的提高。

（三）流动资产周转率

流动资产周转率是指企业一定时期销售收入净额同平均流动资产总额的比值。流动资产周转率是评价企业资产利用效率的主要指标，其计算公式为：

$$流动资产周转率（次）＝销售（营业）收入净额÷平均流动资产总额$$

$$流动资产周转天数＝360÷流动资产周转率$$

上式中，销售收入净额同前所述；平均流动资产总额是指企业流动资产总额的年初数与年末数的平均值。

$$平均流动资产总额＝（流动资产年初数＋流动资产年末数）÷2$$

有关流动资产周转率指标的分析如下。

第一，流动资产周转率反映了企业流动资产的周转速度，分析企业全部资产中流动性最强的资产的利用效率，以进一步揭示影响企业资产质量的主要因素。

第二，该指标将销售收入净额与企业资产中最具活力的流动资产相比较，既能反映企业一定时期流动资产的周转速度和使用效率，又能进一步体现每单位流动资产实现价值补偿水平的高与低，以及补偿速度的快与慢。

第三，一般情况下，该指标越高，表明企业流动资产周转速度越快，利用越好。在较快的周转速度下，流动资产会相对节约，其意义相当于流动资产投入的扩大，在某种程度上也就增强了企业的盈利能力；而周转速度慢，则需补充流动资金参加周转，形成资金浪费，降低企业的盈利能力。

第四，要实现该指标的良性变动，应以销售收入增幅高于流动资产增幅作保证。在企业内部，通过对该指标的分析对比，一方面，可以促进企业加强内部管理，充分有效地利用其流动资产，如降低成本、调动暂时闲置的货币资金用于短期投资创造收益等；另一方面，也可以促进企业采取措施扩大销售，提高流动资产的综合使用效率。

除了上述指标之外，营业周期也是影响短期资产营运能力的一个重要因素。营业周期是指从取得存货开始到销售存货并收回现金为止的这段时间，其计算公式为：

$$营业周期＝存货周转天数＋应收账款周转天数$$

一般情况下，营业周期越短，说明资金周转速度越快；营业周期越长，说明资金周转速度越慢。

二、长期资产营运能力分析

长期资产通常是指变现能力在一年以上的各项资产，包括长期投资、固定资产、无形资产和其他长期资产。在长期资产中，固定资产、无形资产营运能力的强弱对整个长期资产的营运能力将产生重要影响，以下主要讨论固定资产、无形资产的营运能力。

（一）固定资产营运能力分析

1. 固定资产构成

固定资产构成是指各类固定资产原价占全部固定资产原价的比重，它反映着固定资产的配置情况。合理地配置固定资产既可提高企业的生产能力，又能使固定资产得到充分有效的利用。分析固定资产构成情况的变化，就是看固定资产的配置是否合理，为挖掘固定资产的利用潜力提供依据。

固定资产结构变动的分析主要包括三个方面的内容：一是分析生产经营用固定资产与非生产经营用固定资产之间的比例变化情况，查明企业是否优先增加生产经营用的固定资产；二是考察未使用、不需用固定资产比重的变化情况，查明企业在处置闲置固定资产方面是否作出了成绩；三是考察生产经营用固定资产内部结构是否合理。

2. 固定资产更新率

企业在生产经营过程中，会不断地添置新的固定资产，而淘汰旧的固定资产。固定资产的总体新旧程度在一定意义上反映了企业的实际生产能力和潜力，通常用固定资产更新率来反映这方面的情况。计算固定资产更新率的指标主要有以下几项。

（1）固定资产更新率是反映固定资产更新程度的指标，指全年新增加的固定资产对原有固定资产总额的比率，其计算公式为：

固定资产更新率＝当年新增固定资产原价÷年初固定资产原价之和×100%

为了说明企业固定资产现代化的提高程度，计算分式中的分子不应包括旧的固定资产的增加。由于科技的快速发展，企业只有不断淘汰落后的机器设备，更换新的先进设备，才能使生产保持先进水平，跟上时代的发展。一个企业固定资产更新的速度与规模是否合适，应同国民经济对企业发展的需要联系起来，但最低的界限至少应等于固定资产的退废率。

（2）固定资产退废率是指企业全年退废固定资产（包括正常、非正常报废的固定资产以及本企业不需用而出售或投资转出的固定资产）对原有固定资产总额的比率，其计算公式为：

固定资产退废率＝当年退废固定资产原价÷年初固定资产原价之和×100%

该指标反映了一年报废的固定资产的原始价值。固定资产的退废，要有相应的固定资产的更新与之配套，这样才能维持企业再生产规模，所以对该指标的分析应结合固定资产更新率进行，一般来说，新建企业固定资产的更新率和退废率指标都较低，而老企业因设备陈旧，故更新率和退废率指标都较高。

（3）固定资产损失率。固定资产损失率是指全年盘亏、毁损的固定资产所造成的损失数占原有固定资产的比率，用公式表示就是：

$$固定资产损失率＝全年盘亏毁损固定资产价值÷期初固定资产原值×100\%$$

固定资产损失率，反映企业因盘亏及毁损而造成的固定资产损失程度。对于发生的固定资产损失，特别是在损失程度较大时，需要查明生产损失的具体原因。固定资产盘亏一般是企业管理不善造成的，如反映固定资产实有数量的账册不全，固定资产调出或移动手续不完备，财产管理制度不健全，财产管理无人负责，乱扔乱放，乱拆乱卸等。固定资产毁损有人为的原因，如使用者技术不熟练，责任心不强，违反操作规程等，也有意外事故原因，如水灾、火灾等。在进行分析时，应查清原因，分清责任，并根据分析结果采取相应的改进措施，以减少、杜绝盘亏和毁损现象。

3. 固定资产利用效率分析

固定资产利用效率分析，主要是通过营业收入与固定资产的比例关系，分析固定资产的周转速度，评价固定资产的营运效率。常用的评价固定资产利用效率的指标是固定资产周转率和固定资产周转天数。其计算公式为：

$$固定资产周转率＝销售收入÷固定资产净值$$

$$固定资产周转天数＝360÷固定资产周转率$$

一般来说，固定资产周转率越高，周转天数越少，则说明固定资产的利用效率越高，固定资产的管理水平也就越高。

（二）　无形资产营运能力分析

1. 无形资产增减变动分析

对无形资产增减情况的分析与固定资产相似，主要从两个方面来进行：首先，在全面了解无形资产增减情况的基础上，分析计算无形资产的增减率；其次，分析无形资产增减的原因。此外，还应分析无形资产摊销的核算是否正确与及时。

一般来讲，引起无形资产增加的原因主要有：购入无形资产；自行开发取得无形资产；投资者投资转入无形资产；接受外单位捐赠的无形资产。引起无形资产减少的原因主要有：对外投资转出无形资产；对外转让或出售无形资产；无形资产价值摊销。

在分析无形资产增减变动情况时，对于增加的无形资产，应重点分析其技术上的必要性、经济上的合理性和取得渠道的合法性；对于减少的固定资产，则应重点分析对外转让、对外投资是否符合国家有关规定，作价是否合理。此外，还应分析无形资产摊销的方法是否正确，摊销期限是否符合有关规定，是否及时摊销等。

2. 无形资产利用效果分析

无形资产的利用效果可以借助无形资产产值率和无形资产利润率两个指标进行评价：

$$无形资产产值率＝本期总产值÷本期无形资产平均价值×100\%$$

无形资产产值率的高低，反映了无形资产对企业生产产值的影响程度。无形资产产值率越高，则说明无形资产在企业生产中的作用较大，是影响企业产值的重要因素。

$$无形资产利润率＝本期产品销售利润÷本期无形资产平均价值×100\%$$

无形资产利润率，反映了无形资产在销售利润中的权重。无形资产利润率高，说明在销售利润中，无形资产形成的利润份额较大。

总之，无形资产产值率、无形资产利润率是反映企业无形资产品质和利用效果的重要指标。

三、总资产营运能力分析

在前面的内容里，我们分析介绍了短期资产营运能力和长期资产营运能力，但要全面地分析企业的营运能力，还必须进行总资产营运能力分析。

总资产营运能力的分析包括总资产结构及变动情况分析、资产配置分析和总资产营运效率分析。这里主要讨论资产配置问题和总资产营运效率。

（一）资产配置分析

所谓资产配置是指在资产结构体系中，固定资产和流动资产之间的结构比例。通常称之为固流结构，其表达式一般为：

$$固流结构＝固定资产总额÷流动资产总额$$

固流结构对资产的利用效果影响比较大。在企业的生产经营中，如果企业的总资产中固定资产比例过高，一方面，会使企业对经济形势的应变能力降低，相应的财务风险会增大；另一方面，固定资产闲置，其利用效率降低，同时折旧费用增加，从而使企业的获利能力下降。但是，过低的固定资产比例，虽然可以提高企业偿债能力，降低风险，但也会使企业的资金过多地保留在获利能力较低的流动资产上，得不到充分利用，从而使企业的获利能力下降。

（二）总资产营运效率分析

总资产营运效率通常用资产周转速度来衡量。资产周转速度较快，表明资产可供运用的机会越多，使用效率越高；反之，则表示资产利用效率越低。资产周转速度通常用总资产周转率来表示，其计算公式为：

$$总资产周转率＝营业收入÷平均资产总额$$

$$总资产周转天数＝360÷总资产周转率$$

其中，

$$平均资产总额＝（年初资产总额+年末资产总额）÷2$$

总资产周转率是反映企业全部资产综合使用效率的指标，该指标总是越高越好。该指标越高，说明同样的资产取得的收益越多，因而资产的管理水平越高，相应地，企业的偿债能力也就越强。在具体分析时，经营者可以将当期的总资产周转率与上期指标进行对比；也可以将本企业指标与本行业平均水平进行对比，以评价资产管理水平的高低；也可以观察连续几年的总资产周转率，以分析企业总资产周转率的变动趋势。

第四节　发展能力分析

一、发展能力分析的目的与内容

（一）企业发展能力分析的目的

企业发展能力通常是指企业未来生产经营活动的发展趋势和发展潜能，也可以称为增长能力。从形成看，企业的发展能力主要是通过自身的生产经营活动，不断扩大积累而形成的，主要依托于不断增长的销售收入、不断增加的资金投入和不断创造的利润等。从结果看，一个发展能力强的企业，能够不断为股东创造财富，不断增加企业价值。

企业能否健康发展取决于多种因素，包括外部经营环境、企业内在素质及资源条件等。而传统的财务分析仅关注企业的静态财务状况与经营成果，强调偿债能力和盈利能力分析，对企业的发展能力不够重视。随着市场经济的发展和竞争的进一步加剧，人们对企业发展状况的关注不会仅仅停留在其发展的现状上，而是会越来越注重企业发展的态势、潜能及其成长性，尤其是从动态上去把握企业的发展过程和发展趋势。

评价企业发展能力，可促进国民总量的不断发展；促进企业经营者重视企业的持续经营和经济实力的不断增强。不同的信息使用者分析发展能力角度是不同的。

企业管理者为了评价和比较企业经营业绩的变化情况，识别竞争对手的弱点和预测未来行为，需要分析其自身及竞争对手的发展能力。分析的重点是企业的销售收入、收益和股利成长率等方面。

投资者出于对投资回报的关心，着重于对企业的股票价值、预计成长率、收益和股利变化的期望值等方面的分析。

债权人为了预测企业应收账款、存货和生产性资产变化所需要的未来资金水平，经常分析研究与企业过去成长有关的资料。

（二）发展能力分析的内容

由于企业的政策环境、核心业务、经营能力、企业制度、人力资源、行业环境、财务状况等方面的因素都对企业的成长性产生重要影响。在这些因素中，财务状况是过去的决策和行为产生的结果，而其他因素则是影响企业未来财务状况的动因，这些因素的所有改善都应最终表现为财务状况的改善。财务状况指标可以反映企业在政策环境、核心业务、经营能力、企业制度、人力资源、行业环境等方面的提高，必须反映市场份额的扩大、收入的增加、经营成本的降低，以实现企业价值最大化的目的。因此，企业的信息需求者可从财务状况角度对企业的发展能力进行综合分析。

发展能力分析的内容有两个方面。

第一，企业单项发展能力的分析。企业价值要获得增长，就必须依赖所有者权益、收益、销售收入和资产等方面的不断增长。

第二，企业整体发展能力的分析。企业要获得可持续发展，就必须在所有者权益、收益、销售收入和资产等方面谋求协调发展。

从财务状况角度看，利用一些财务指标对企业的发展能力进行综合分析时，不应忽略盈利质量和竞争能力对发展能力的影响。因为盈利质量的优劣，不仅可以修正利用财务指标评价企业发展能力的结果，而且对企业的发展能力直接产生影响。竞争能力对于评价企业的发展能力也十分重要，因为如果一个企业未来缺少竞争能力，那么，它的发展能力必然受到怀疑，而不管根据它过去和现在的财务指标得出的发展能力有多好。

二、评价企业发展能力

（一）盈利质量方面

1. 盈利质量与未来业绩

从与业绩相关的角度来说，盈利质量是指收益和评价公司业绩之间的相关性。如果盈利能如实地反映公司过去、现在和未来的业绩，则认为其盈利质量高；如果盈利不能很好地反映公司过去、现在和未来的业绩，则认为其盈利是低质量的。而未来的业绩在一定意义上将反映一个企业的发展能力。

2. 盈利质量与发展能力

盈利质量高的公司一般有如下特征：持续的、稳健的会计政策，该政策对公司财务状况和净利润的计量是谨慎的；公司的盈利是由经常性的与公司基本业务相关的交易所带来的，而不是一次性的，并且公司所依赖的业务具有较好的发展前景；会计上所反映的利润能迅速转化为现金；公司的债务水平相当；盈利趋势是稳定的、可预测的；资产的运转状况良好等。所以，盈利质量高的公司，其发展能力必然较强；相反，盈利质量低的公司，其发展能力必然较弱。

（二）竞争能力方面

1. 企业竞争能力概念

企业的竞争能力是指企业生产的产品在品种、质量、成本、价格、交货期和销售服务等方面能否胜过对手。或者说，企业的竞争能力就是指参与竞争的企业之间的对比。随着市场经济的发展，我国企业间的市场竞争日趋激烈，企业的竞争能力如何，已成为决定其能否生存和发展的关键。因此，企业竞争能力分析是我们在新经济条件下进行企业经济分析不可忽视的一个重要方面。企业未来的发展能力，主要取决于企业的竞争能力。

2. 企业竞争能力分析

企业竞争能力综合表现在企业产品的市场占有情况，因此，通过分析企业产品市场占有情况，就可以对企业竞争能力的强弱作出评价。

（1）市场占有率的分析。市场占有率是反映企业市场占有情况的一个基本指标。它是指在一定时期、一定市场范围内，企业某种产品的销售量占市场上同种产品销售量的比重。

利用市场占有率来说明企业竞争能力的强弱，必须与竞争对手进行对比分析。一般是将本企业的市场占有率与主要竞争对手进行对比分析。一方面，要通过对比分析找到本企业的差距或优势；另一方面，还要进一步寻找其原因。影响市场占有率的因素很多，主要有市场需求状况、竞争对手的实力和本企业产品的竞争能力、生产规模等因素。

（2）市场覆盖率分析。市场覆盖率是反映企业市场占有状况的又一主要指标。市场覆盖率是指本企业某种产品行销的地区数占同种产品行销地区总数的比率。

利用市场覆盖率来说明企业竞争能力的强弱，也必须通过与竞争对手进行对比分析。

影响企业市场覆盖率的主要因素有：不同地区的需求结构、经济发展水平、民族风俗习惯、竞争对手的实力、本企业产品的竞争能力和地区经济封锁等因素。通过计算和对比分析市场覆盖率，我们可以考察企业产品现在行销的地区，研究可能行销的地区，提示产品行销不广的原因，有利于企业扩大竞争地域范围，开拓产品的新市场，提高企业的竞争能力。

3．产品竞争能力分析

（1）产品质量的竞争能力分析。产品质量的优劣是产品有无竞争能力的首要条件。提高产品质量是提高企业竞争能力的主要手段。本企业的产品质量不好，不仅会直接损害消费者的利益，而且也直接影响企业的信誉、产品的销路、企业的市场竞争能力，进而影响企业的发展能力。

产品的质量是指产品适合社会和人民需要所具备的特性。它包括产品的性能、精度、纯度、物理特性及化学成分等内在质量特征，还包括产品的外观、形状、重量、色泽等外部质量特征。产品的这些特征可以概括为性能、寿命、安全性、可靠性、经济性和外观等方面。分析企业产品质量的竞争能力大小，就是将本企业产品的有关质量指标与国家标准、竞争对手、用户的要求分别进行对比，从而观察本企业产品质量的水平与差距，对本企业产品质量的竞争能力作出客观评价。

（2）产品品种的竞争能力分析。企业要根据市场的变化和新技术的发展，不断调整产品结构，积极改进老产品，主动开发新产品、新品种，才能使企业的产品保持竞争能力，在未来的市场竞争中立于不败之地。

企业产品品种的竞争能力应从产品品种占有率和新品种开发两个方面来分析。

产品品种占有率是企业某种产品在某市场范围内销售的品种或规格、花色数占该市场范围内销售的该种产品的全部品种、规格或花色数的比率。该指标数值越高，说明企业生产和销售的品种、规格或花色满足社会需要的程度越高，竞争能力越强。

分析企业新产品的开发情况，首先要计算新产品的比重，即企业在报告期生产的新产品产值在总产值中所占的比重；其次要计算企业出售的新产品价值在某一市场范围内出售该种新产品全部价值中所占的比重，以反映企业新产品在市场竞争中的地位。

（3）产品成本和价格的竞争能力分析。在我国购买力水平普遍还不高的情况下，价廉很重要。因此，企业生产产品不仅要考虑到产品的品种质量，还要考虑到消费者的经济承受能力。因此，价格也是企业重要的竞争手段之一。企业如何自觉地运用价值规律，灵活定价，灵敏地适应复杂多变的市场需求，以物美价廉的产品占领市场，对企业生存发展至关重要。

成本是价格的基础，产品售价高于成本，企业才能盈利；反之，则亏本。因此，成本的高低决定着企业的价格竞争能力。成本越低，出售产品的价格升降余地越大，竞争能力就越强。所以，分析企业在价格方面的竞争能力，就是通过与主要竞争对手或同行业成本最低的企业进行成本水平的对比分析，从而对本企业的价格竞争能力作出正确评价，并指出成本水平的差距及其原因，进而提出有效对策，以进一步降低成本，提高企业的价格竞争力。

（4）产品销售服务的竞争能力分析。销售服务的好坏直接影响企业的信誉，影响企业的产品销售。因此，强化服务质量，也是提高企业竞争能力的重要手段。

销售服务是企业竞争能力的一个重要方面。强化销售服务，是密切企业与用户关系，提高企业声誉，扩大销售和占领市场，提高企业竞争能力的重要手段之一。强化销售服务，不仅要做好售前服务，而且要做好售后服务。售前服务是指在消费者购买之前的用户咨询、广告宣传等；售后服务主要是指现场安装、设备高度、技术培训、备件供应、维护修理、代购代运等。

产品销售服务分析基本属于定性分析。分析的内容包括调查分析用户对销售服务的要求；分析研究本企业销售服务的质量；分析研究本企业销售服务的技术力量满足需要的程度；分析研究用户对本企业销售服务的满意程度和新要求；对比分析本企业和竞争对手在服务方面的优劣。

4. 企业竞争策略分析

企业的竞争能力能否得到正常或者最大限度的发挥，关键取决于企业竞争策略的正确与否。企业的竞争策略是指企业根据市场的发展和竞争对手的情况制定的经营方针。企业竞争策略可归纳为以下几个方面：以优质取胜、以创新取胜、以价廉取胜、以快速交货取胜、以优质服务取胜和以信誉取胜等。

分析企业的竞争策略，就是要联系本企业的经济效益，并与主要竞争对手比较，分析研究现在采取的竞争策略存在的问题；根据市场形势及竞争格局的变化，提出本企业的竞争策略需要作出的改变。

通过上述竞争能力的分析，对企业的总体竞争能力在本地区、同行业中的位置作出正确评价，从而对企业未来的发展能力作出合理的分析和评价。

三、反映企业发展能力的主要指标分析

（一）销售增长指标分析

销售增长率表示本年度销售收入比上年度的增长变动幅度，是评价上市公司成长状况

和发展能力的重要的基础性指标。其计算公式为：

$$销售增长率＝本年度销售收入增长额÷上年度销售收入总额$$

在进行销售增长率分析时应注意以下几点。

第一，销售增长率是衡量企业适销对路、市场占有能力，预测企业经营业务拓展趋势的重要标志。不断增加的主营业务收入是企业生存的基础和发展的条件。

第二，该指标若大于零，表示企业本年度的主营业务收入有所增长，指标值越高，表明增长速度越快，企业市场前景越好；若该指标小于零，则说明产品或服务不适销对路，质次价高，或是在售后服务等方面存在问题，市场份额萎缩。

第三，该指标在实际操作时，应结合企业历年的主营业务收入水平、企业市场占有情况、行业未来发展及其他影响企业发展的潜在因素进行前瞻性预测，或者结合企业前 3 年的销售（营业）增长率作出趋势性分析判断。

第四，由销售增长率公式可以看出，该指标反映的是相对化的销售收入增长情况，与计算绝对量的企业销售收入增长额相比，消除了企业营业规模对该项目的影响，更能反映企业的发展情况；但销售增长率作为相对量指标，也存在受增长基数影响的问题。如果增长基数（上年销售收入或营业收入）特别小，即使销售收入出现小幅度增长，也会出现较大值，使企业之间不好进行比较。

（二）资产增长率分析

1. 总资产增长率分析

总资产增长率从上市公司资产总量扩张方面衡量企业发展能力，表明上市公司规模增长水平对企业后劲的影响。其计算公式为：

$$总资产增长率＝本年总资产增长额÷年初资产总额$$

2. 固定资产成新率分析

固定资产成新率是企业当期平均固定资产净值与平均固定资产原值的比率。其计算公式为：

$$固定资产成新率＝平均固定资产净值÷平均固定资产原值$$

上式中，平均固定资产净值是指企业固定资产净值的年初数与年末数的平均值，平均固定资产原值是指企业固定资产原值的年初数与年末数的平均值。固定资产成新率反映了企业所拥有的固定资产的新旧程度，体现了企业固定资产更新的快慢和持续发展能力。该指标高，表明企业固定资产比较新，对扩大再生产的准备比较充足，发展潜力较大。

（三）资本扩展指标分析

资本积累率表示企业当年资本的积累能力，是评价企业发展潜力的重要指标。其计算公式为：

$$资本积累率=本年所有者权益增长额÷年初所有者权益$$

资本积累率是企业当年所有者权益总的增长率，反映了企业所有者权益在当年变动水平。资本积累率体现了企业资本的积累情况，是企业发展强盛的标志，也是企业扩大再生产的源泉，展示了企业的发展潜力。资本积累率反映了投资者投入企业资本的保全性和增长性，该指标越高，表明企业的资本积累越多，企业资本保全性越强，应付风险、持续发展的能力越强。该指标如为负值，表明企业资本受到侵蚀，所有者权益受到损害，应予充分重视。

参考文献

[1] 马勇，肖超栏. 财务管理［M］. 北京：北京理工大学出版社，2021.

[2] 解勤华，王春峰，李璇. 财务管理与会计实践研究［M］. 长春：吉林出版集团股份有限公司，2021.

[3] 何永江. 财务报表分析［M］. 天津：南开大学出版社，2021.

[4] 全国会计专业技术资格考试辅导研究院编写组. 财务管理［M］. 上海：立信会计出版社，2021.

[5] 邹娅玲，肖梅峻. 财务管理［M］. 重庆：重庆大学出版社，2021.

[6] 张惠忠，李郁明. 财务管理学［M］. 大连：东北财经大学出版社，2022.

[7] 赵磊，杨秋歌，杨晓征. 财务会计管理研究［M］. 长春：吉林出版集团股份有限公司，2021.

[8] 张书玲，肖顺松，冯燕梁. 现代财务管理与审计［M］. 天津：天津科学技术出版社，2020.

[9] 黄辉，尹建平. 现代财务与会计探索（第5辑）［M］. 成都：西南交通大学出版社，2019.

[10] 田秋娟，童立华，周谦. 财务分析［M］. 上海：立信会计出版社，2018.

[11] 潘栋梁，于新茹. 大数据时代下的财务管理分析［M］. 长春：东北师范大学出版社，2017.

[12] 桂玉娟. 财务分析［M］. 上海：上海财经大学出版社，2017.

[13] 王磊. 财务分析［M］. 北京：中国金融出版社，2017.

[14] 王兴德. 现代财务分析方法——管理会计篇［M］. 上海：上海财经大学出版社，2016.

[15] 迟艳琴. 财务管理［M］. 上海：上海财经大学出版社，2015.

[16] 肖泽干. 财务分析［M］. 北京：中国传媒大学出版社，2015.

［17］张先治，陈友邦. 财务分析［M］. 大连：东北财经大学出版社，2014.

［18］缪匡华. 公共组织财务管理［M］. 厦门：厦门大学出版社，2014.

［19］姚旭. 企业财务分析［M］. 北京：中国金融出版社，2011.

［20］卢雁影. 财务分析［M］. 武汉：武汉大学出版社，2011.

［21］孙小娜. 财务分析如何有效为企业经营决策提供参考的探讨［J］. 质量与市场，2023，328（5）：70-72.

［22］葛芹燕. 医院经济管理中财务分析的重要性研究［J］. 中国乡镇企业会计，2023（2）：66-68.

［23］冯佳慧. 高校财务智能化管理创新实践探究［J］. 西部财会，2023，478（1）：31-33.

［24］吴晓东. 财务报表分析在企业财务管理中的运用现状分析［J］. 财会学习，2023，358（5）：10-12.

［25］鲍海霞. 我国公立医院数字财务管理优化研究——基于中外文献的文本分析结果［J］. 财务管理研究，2023，43（4）：135-140.

［26］许小妹. 基于企业财务管理环境的财务战略管理分析［J］. 老字号品牌营销，2022（23）：137-139.

［27］刘文霞. 行政事业单位在新会计制度环境下的财务管理分析［J］. 中国乡镇企业会计，2023（1）：49-51.

［28］赵嫣然. 大数据背景下医院财务管理创新模式分析［J］. 财经界，2023，644（1）：159-161.

［29］马媛媛，贺群，顾佳丽. 高校智能财务管理体系建设研究［J］. 江苏科技信息，2022，39（25）：47-50.

［30］王志云. 财务报表分析在国企财务管理中的应用分析［J］. 商讯，2022，286（24）：41-44.

［31］郝菊玲，单为，宫梦洁. 新时期高校财务管理创新发展探索研究［J］. 中国乡镇企业会计，2022（12）：51-53.

［32］熊一心. 区块链技术在高校财务管理中的应用［J］. 合作经济与科技，2022，695（24）：122-123.

［33］陈忠杰. 行政单位财务管理问题研究［J］. 行政事业资产与财务，2020（15）：99-100.

［34］张小红. 新会计准则下行政单位财务管理的创新思考［J］. 今日财富，2020（9）：

116–117.